Mujercitas

LOUISA MAY ALCOTT

Mujercitas

LOUISA MAY ALCOTT

SERVILIBRO

Diseño gráfico: Milagros Recio
Corrección: Sara Torrico / Equipo Servilibro
Ilustraciones: Concha Matamoros

C/ Campezo, 13 - 28022 Madrid
Tel.: 91 3009102 - Fax: 91 3009118
www.servilibro.com

Louisa May Alcott

La autora de *Mujercitas* nació en Germantown (Filadelfia) en noviembre de 1832. Su padre fue un hombre polifacético que influyó decisivamente en el carácter de Louisa, quien heredó su gusto por la filosofía y la literatura.

Al estallar la Guerra de Secesión, se alistó como enfermera en los servicios sanitarios del ejército de la Unión y, como resultado de su experiencia en campaña, escribió algunos relatos cortos y artículos periodísticos. Ante el éxito obtenido, se dedicó de lleno a la literatura, logrando una inmensa popularidad con sus novelas, especialmente con *Mujercitas,* aparecida en 1868.

Louisa May Alcott murió en Boston cuando sólo contaba 56 años de edad. Entre sus novelas más conocidas destacan, además de la ya citada, *Aquellas mujercitas, Historias proverbiales, Lulú y su biblioteca* y *Hombrecitos.*

Capítulo I

La familia March

Fuera, el frío era intenso bajo la nevada. Sin embargo, en la salita de los March, junto a la chimenea donde chisporroteaban las llamas, se estaba bien, lo que no impedía que cierto aire de tristeza se reflejase en las cuatro jóvenes caritas iluminadas por el resplandor del fuego.

—La Navidad sin regalos es como si no fuera Navidad —murmuró Jo, tendida en la alfombra.

Mirando su viejo vestido, Meg suspiró:

—Ser pobre es bien triste.

La menor de las cuatro, Amy, adoptó un aire dramático al decir:

—Encuentro injusto que mis amigas tengan montones de cosas bonitas y nosotras no. ¡Nadie mejor que yo sabe lo que es carecer de todo!

Jo la contempló con cierta lástima. No le hacía gracia que su hermana, con sólo doce años, se expresara así.

La voz de Beth sonó impregnada de dulzura:

—Vamos, Amy, estás olvidando lo mucho que tenemos; para empezar, a papá y mamá, y a nosotras mismas.

Todas las caras se iluminaron entonces con una sonrisa, pero se ensombrecieron cuando Jo puntualizó:

—Bueno, quizá no podamos ver a papá en mucho tiempo...

La guerra era muy cruenta y el señor March se encontraba en el frente. Durante un minuto reinó en la estancia un pesado silencio que Meg rompió para decir:

—Es lógico que no tengamos regalos estas Navidades y también que nosotras hagamos algún sacrificio. ¡Los que se enfrentan en el campo de batalla sí que son desdichados...!

—¿Y crees que nuestro dinero va a servirle de algo al ejército? —protestó Amy—. No sé qué pueden hacer con un dólar, que es lo que tenemos cada una. A mí no me parecería tan mal comprarme algo con él.

—Quizá Amy no ande tan desacertada —dijo Jo, tirándose del pelo sin darse cuenta—. Sería injusto gastar una fortuna en tonterías, pero después de lo que hemos trabajado a lo largo del año, bien merecemos una pequeña compensación. Le tengo echado el ojo a un libro precioso.

—Eres un ratón de biblioteca —rió Beth—. A mí me hubiera gustado comprarme una partitura.

Amy levantó la voz más de lo necesario:

—Necesito con urgencia una caja de lápices de colores y pienso comprármelos. Estoy cansada de que mis dibujos sean los más feos de la escuela.

—Yo creo que a mamá no le importará que nos compremos algo con nuestro dinero, ya que es Navidad —opinó Meg, que añadió—: Bien nos lo hemos ganado. ¡Es tan horrible estar rodeada de chiquillos traviesos! Nunca se están quietos y, cuando les enseñas a restar, ya se les ha olvidado sumar.

—¡Eso no es nada! —replicó Jo con cómica exageración—. Es mil veces peor pasarse el día encarcelada horas y horas junto a una anciana caprichosa y nerviosa que sin cesar está pidiendo algo. A veces siento deseos de darle una bofetada o escapar por la ventana.

—Lo peor del mundo es fregar platos y arreglar la casa. Las manos se quedan tan ásperas que es imposible tocar bien el piano —dijo Beth, mirándose las suyas con lástima.

—Sin embargo, ninguna de vosotras tiene que soportar lo que yo soporto —alegó Amy—. No tenéis que ir a la escuela ni pasar el día con chicas impertinentes que se burlan cuando una no lleva la lección bien preparada. Se mefan de mis vestidos haciendo alusiones a que papá no es rico.

—No se dice mefan, sino mo-fan —deletreó Jo—. Procura emplear palabras sencillas, no las busques complicadas.

—¡Pero la profesora nos anima a que mejoremos nuestro vocabulario! Además, yo siempre sé lo que digo.

—Si alguna niña tonta se burlara de mí —replicó Jo—, le soltaría un bofetón que la dejaría tiesa.

—¡Oh, qué ordinariez! —se escandalizó Amy.

—¡Ea, no vayáis a pelear! —intervino Meg.

—Muchas veces hemos hablado de que somos más felices que algunas muchachas de familias ricas que siempre andan a la greña. Por cierto, Josephine, procura no portarte como un chicazo. Cuando eras más pequeña eso nos hacía gracia, pero ahora que has crecido y llevas recogido el pelo, podrías recordar tu condición de señorita.

—¿Yo señorita? No me hagas reír. Si llevar el pelo recogido significa eso, volveré a mis trenzas y no me las quitaré hasta que cumpla veinte años. ¡Ya es bastante triste haber nacido mujer si encima he de convertirme en una tonta damisela! ¡Con lo bien que estaría yo en la guerra, junto a papá, o cuidando a los heridos...!

—¡Pobre Jo! —se dolió Beth—. Tendrás que conformarte con haber acortado tu nombre hasta dejarlo como el de un muchacho.

—En cuanto a ti, Amy —prosiguió Meg—, con esos modales tan afectados, llevas trazas de convertirte en una señorita cursi. Es una lástima, porque no sabes lo agradable que resultas cuando te muestras tal y como eres.

—Si Jo es un chicazo y Amy cursi, ¿qué soy yo? —preguntó Beth, dispuesta a tener su parte de sermón.

—Tú eres encantadora y nada más —respondió Meg con cariño. Nadie la contradijo porque el ratoncito, como se la llamaba, era la preferida de toda la casa.

Margaret tenía dieciséis años; era muy bonita, rubia y algo regordeta, mientras que Jo, con sus quince años, resultaba quizá demasiado alta y delgada. Su única belleza la constituía su largo y sedoso cabello oscuro; Elizabeth, a quien todos llamaban Beth, tenía la tez sonrosada y los ojos muy claros. A sus trece años era muy tímida en sus ademanes y su voz, pero se desprendía de ella una extraña paz. Amy, a pesar de ser la más joven, era una persona importantísima, al menos en su propia opinión. Poseía unos hermosos ojos de límpido azul y un precioso cabello dorado que le caía en bucles por la espalda.

—Mamá no tardará en llegar —murmuró de pronto Beth, poniendo unas gastadas zapatillas cerca de la chimenea—. Estaba pensando que, con mi dólar, podría comprar otras zapatillas para mamá.

—¡Yo se las compraré! —exclamó Amy impulsivamente.

—¿Cómo? Creo que eso me corresponde a mí por ser la mayor —replicó Meg.

—¡De ningún modo! En ausencia de papá, soy el hombre de la casa —declaró Jo—. Yo le compraré a mamá las zapatillas.

—Está bien —aceptó Meg—. Le regalaré unos guantes.

Beth dijo entonces que ella le compraría unos pañuelos en los que bordaría las iniciales de su madre. Amy decidió regalarle un frasco de colonia.

Jo propuso:

—Mañana saldremos de compras y después ensayaremos.

—Podríamos ensayar también ahora —replicó Amy—. ¡Tengo muy verde mi papel!

—Es el último papel que hago —dijo Meg, que era la más infantil a la hora de los juegos —. Estoy haciéndome demasiado mayor.

—Si te retiras de la escena, ya no haremos más funciones, porque tú eres nuestra mejor actriz —repuso Jo.

Comenzó el ensayo. Amy tenía que salir a escena tambaleándose y gritando débilmente, como al borde de sus fuerzas: «¡Oh, Rodrigo, sálvame..., sálvame!».

El final era caer redonda al suelo. Lo de redonda era un decir, pues lo hizo con excesivo cuidado y Jo la regañó, remedándola con gestos exagerados sin ninguna generosidad.

Cuando más entusiasmadas estaban representando *La maldición de la Bruja,* hizo su aparición la señora March.

—Ya veo que estáis pasándolo muy bien —dijo. Y con una alegre sonrisa, anunció—: Tengo una sorpresa para vosotras.

—¿Una sorpresa? ¡Carta de papá, seguro!

—¡Hurra por nuestro héroe! —gritó Jo.

—¿Está bien? —preguntó Beth, con voz que dejaba entrever su ansiedad.

Las cuatro muchachas rodearon a la señora March, que empezó a leer:

«... Di a nuestras hijas que pienso en ellas continuamente y que su cariño es siempre para mí el mejor consuelo. Un año de espera para verlas se me hace interminable, pero recuérdales que mientras esperamos, podemos trabajar para que estos días tan duros no se desperdicien. Sé que cuando vuelva, podré sentirme orgulloso de mis mujercitas...».

Todas hacían poderosos esfuerzos para no llorar.

La señora March, momentos después, rompió el emocionado silencio, diciendo:

—¿Os acordáis cuando de pequeñas jugabais a El Peregrino? Os ataba a la espalda cargas para llevarlas desde la Ciudad de la Destrucción, que era el sótano, hasta el desván, donde, con todas las cosas hermosas que podíais recoger, levantabais la Ciudad Celestial.

—¡Era muy divertido —exclamó Jo— cuando nos acercábamos a los leones, peleábamos con Apolo y pasábamos por el Valle de los Duendes!

—Yo casi no me acuerdo —dijo Amy, pasando de las lágrimas a la risa—, pero no he olvidado los bollos y la leche con canela que Hannah nos daba al llegar arriba. ¡Lástima que seamos mayores para jugar a eso!

—Para ese juego cualquier edad es buena, hija mía. Os propongo hacerlo ahora en serio. Vamos, tomad cada una vuestra carga y empecemos a subir con ella para que cuando papá regrese tengamos andada buena parte del camino.

—Entonces tendré que tomar con placer los platos del fregadero y los estropajos, y no envidiar a las que tocan hermosos pianos ni avergonzarme siempre delante de la gente —dijo Beth.

A sus hermanas les entraron ganas de reír, tan cómica era la carga de Beth; sin embargo, contuvieron sus impulsos para no ofenderla.

—Todas participaremos en el juego con entusiasmo —decidió Meg.

—Esta noche estábamos en el Pantano del Abatimiento —dijo Jo—, y mamá nos ha sacado de él, como en el libro hizo el hombre que se llamaba Auxilio.

—Nos falta una guía de instrucciones —observó entonces Meg—. Sería bueno tenerla para recordar nuestro deber.

—Buscad debajo de vuestras almohadas el día de Navidad y encontraréis esa guía —respondió la señora March.

Capítulo II

¡NAVIDAD!

Jo despertó con una sensación de irrealidad. ¡Era Navidad! La mañana se presentaba gris y brumosa, sin medias repletas de regalos y colgadas en la chimenea. Entonces recordó un día que las habían encontrado en el suelo, a causa del peso que tenían. Recordando las palabras de su madre, introdujo su mano bajo la almohada y sacó un librito encuadernado en rojo. Contenía la historia más bella del mundo, la vida de Nuestro Señor Jesucristo. Loca de alegría, empezó a gritar:

—Meg, Amy, Beth... ¡Vamos, es Navidad!

La primera, que influía mucho sobre sus hermanas, dijo:

—Mamá nos ha regalado estos libritos para que nos sirvan de ayuda y debemos empezar hoy mismo a leerlos. Yo lo dejaré sobre la mesilla y todas las mañanas, nada más despertar, leeré un pasaje.

Jo se pasó a su cama y las dos empezaron a leer.

Al rato, ya arregladas, se presentaron en el comedor. La anciana Hannah disponía la mesa para el desayuno.

—¿Dónde está mamá? —le preguntó Beth, tras plantar dos sonoros besos en sus rugosas mejillas.

—¡Qué sé yo! —respondió enfadada la vieja sirvienta.

—¡Aquí está mamá! ¡Esconded el cesto! —ordenó Jo.

Después, todas a un tiempo, empezaron a gritar:

—¡Felices Pascuas, mamá, felices Pascuas! ¡Y gracias por los regalos!

Beth, preocupada, quiso saber si su madre estaba enferma, dada su palidez.

—No, enferma no, pero sí un poco impresionada. Hace un rato vino un chiquillo pidiendo limosna; daba compasión verle. Me dijo que su madre estaba enferma y fui con él hasta la choza miserable en la que viven. Allí no hay más que corrientes y tampoco tienen fuego. Había cinco niños en la misma cama y sobre un viejo jergón estaba la madre con su hijito recién nacido. No tienen nada que comer y he pensado... ¿os importaría darles vuestro desayuno?

Un breve silencio acogió la pregunta. Todas tenían bastante apetito, pero ninguna protestó. Por fin, Jo rompió el silencio:

—¡Uf, menos mal que has llegado antes de que empezásemos a desayunar!

Así, cada una de ellas expresó su deseo de renunciar a lo que más les gustaba y acercarse a la triste choza.

Cuando la pobre enferma vio al grupo, exclamó:

—¡Los ángeles han venido para aliviarnos! ¡Bendito sea el Señor!

—¡Sí, sí! ¡Valientes ángeles estamos hechas! —dijo alegremente la traviesa Jo.

Hannah hizo fuego con toda prontitud y arregló después los vidrios rotos con unos sombreros viejos y su propia toquilla. La señora March puso orden en la choza y se ocupó personalmente de dar leche al chiquitín.

El fuego caldeaba la estancia. Cuando las March salieron de allí, también había calor en sus corazones. Una vez en casa, las muchachas corrieron en busca del cestillo de los regalos. Beth fue al piano y empezó a tocar nerviosamente una marcha. Jo lanzó tres hurras por su madre.

La señora March, feliz como una niña y con lágrimas de emoción en los ojos, iba desenvolviendo los paquetes. En un instante se encontró calzada con las nuevas zapatillas, abrigada por los guantes de cabritilla, con los pañuelos bordados en el bolsillo y oliendo a colonia.

—¿Es posible que todo esto sea para mí sola? —exclamó—. ¡Tengo unas hijas maravillosas!

Luego hubo risas, besos, explicaciones…

La mañana transcurrió rápidamente entre ir a la iglesia y preparar la comida. Después se dio comienzo a los preparativos para la representación. Habían suplido con ingenio la falta de dinero y todo lo habían confeccionado ellas mismas.

Como no se admitían caballeros —ni los había—, Jo, realmente feliz, hacía de hombre, vestida de espadachín.

Llegaron una docena de amigas y trataron de acomodarse en la platea para presenciar la función. Se descorrió el telón y comenzó el drama.

Una voz de fondo narraba, en tanto que Hugo, el malvado, aparecía en medio de un bosque sombrío, murmurando que daría muerte al inocente Rodrigo para conseguir el amor de la bella Zara, delicada princesa a la que pensaba engañar con malvada astucia.

Mientras el villano se estremecía de odio, se escuchaba una música infernal. El auditorio, sobrecogido, comía dulces sin parar.

Entre una tromba de aplausos cayó el telón. El triunfo de los enamorados había sido absoluto, lo mismo que el castigo de Hugo.

La verdadera sorpresa llegó a la hora de cenar. La repleta mesa dejó a las chicas boquiabiertas. Allí aparecían flores, helados y dulces exquisitos.

—¿Lo han traído las hadas o Papá Noel? —preguntó Amy.

—¡Yo voto por tía March, que ha debido de sentirse generosa por una vez! —palmoteó Jo.

La señora March, al tomar asiento, explicó:

—Estáis equivocadas. Cuanto veis aquí, incluidos los preciosos ramilletes de flores, lo debemos a la gentileza de nuestro vecino, el señor Laurence.

—¡Es fantástico! ¡Si ni siquiera lo conocemos!

—Es un viejo muy orgulloso —comentó una de las amigas de Jo—. Y tiene a su pobre nieto encerrado todo el día y vigilado por su preceptor.

—Quizá sus obsequios se deban a que Hannah le contó a uno de sus criados que hoy os habíais quedado sin desayunar —explicó la señora March a sus hijas—. Parece que eso le agradó.

—¿Así que el pobre chico se pasa el día encerrado? —añadió Jo—. Entonces cualquier rato iré a verle.

—¿Es que lo conoces? —preguntó Meg, escandalizada.

—¡Claro! Un día hablé con él desde la cerca. Se me escapó el gato y vino a traérmelo. ¡Es muy simpático!

—¿El gato? —preguntó Beth con la boca llena de dulces.

—¡El muchacho!

—Tiene unos modales exquisitos —puntualizó la señora March—. Vino personalmente a traer las flores.

Entonces Beth, nostálgica, murmuró lo mucho que desearía poder enviar un ramo a su queridísimo padre que estaba en la guerra.

Capítulo III

La fiesta

Al pie de la escalera que conducía al desván, Meg gritó:

—Jo, ¿estás ahí?

—Si lo sabes, ¿por qué preguntas? —se impacientó Jo, que leía una preciosa novela, llorando a lágrima viva con las desventuras de la protagonista.

—¡No sabes lo ilusionada que estoy! —explicó la mayor de las hermanas—. Figúrate que la señora Gardiner ha enviado una tarjeta de invitación para su fiesta de mañana por la noche. Mamá dice que podremos ir. ¿Qué vestido llevaremos?

Jo dejó escapar una irónica risita.

—¿Y para qué lo preguntas, si sabes que llevaremos nuestros trajes de muselina de lana porque no tenemos otros? —replicó Jo con la boca llena de manzana.

—Me encantaría ir vestida de seda. Mamá dice que quizá pueda hacerme un vestido cuando cumpla dieciocho años. ¿No crees que casi dos años es mucho esperar?

—¡No seas tonta! Nuestros trajes parecen de seda y el tuyo está como nuevo. El mío tiene un zurcido pero si encojo la falda no se ve mucho.

—Como es por detrás, si estás sentada todo el tiempo, no se te verá —la animó Meg.

La fiesta iba a celebrarse la noche de Año Nuevo y, la víspera, la casa de los March se parecía un poco a la de Cenicienta. Las dos pequeñas hacían de doncellas con su mejor voluntad, en tanto que Meg y Jo, dominadas por el nerviosismo, trataban de no olvidar ningún detalle.

Jo, con ayuda de toda la familia, se encontró por fin lista, llevando unos crisantemos blancos por todo adorno. Fueron muy bien acogidas por la señora Gardiner, que las dejó al cuidado de su hija Sally, a quien Meg ya conocía. Jo, que no encontraba aliciente en la compañía y las conversaciones femeninas, aprovechó la oportunidad para mantenerse alejada y arrimada a la pared, teniendo buen cuidado de no lucir el zurcido que llevaba en la espalda.

No lejos de allí, unos jóvenes hablaban de patinaje. De pronto uno la miró y se dirigió hacia ella. La distinguida señorita March no podía consentir que la sacaran a bailar (¡con su zurcido!) y huyó al primer saloncito que encontró.

Aunque se hallaba casi a oscuras, pudo observar que estaba ocupado y que no era la única persona tímida de la fiesta. Un paso más y tuvo frente a sí a

un muchacho alto y de pelo rojo en el que reconoció al joven Laurence.

—Lo siento; supuse que no había nadie aquí.

Había hecho intención de escapar, pero Laurence la retuvo.

—No se vaya por mí. Cierto que no me encontraba a gusto en el salón porque apenas conozco a nadie, pero si desea estar sola, puedo volver allá.

—Lo mismo me sucedía a mí. Creo que ya nos conocemos.

—Vivo al lado de su casa, señorita March —confesó Laurence, con divertida sonrisa—. ¿Cómo está su gato?

—¡Oh, muy bien! Pero, por favor, no me llame señorita March, sino Jo a secas.

—¿Jo es su nombre? —preguntó asombrado.

—En realidad, me llamo Josephine, pero suena demasiado sentimental.

—Ya. A mí también me desagrada que me llamen Theodore o señor Laurence; prefiero el nombre de Laurie. ¿De acuerdo?

—¡De acuerdo! —aceptó Jo, encantada de su simpatía—. ¡Ah, muchas gracias por su regalo de Navidad!

—Lo envió mi abuelo, no yo.

—Pero usted debió de sugerírselo…

Sin tardar mucho, el joven Laurie propuso a Jo que pusieran a prueba sus cualidades de bailarines.

Y como ella era como era, le explicó que le resultaba imposible a causa del zurcido que llevaba en el vestido, el cual remendaba una quemadura, consecuencia de su mala costumbre de sentarse muy cerca del fuego. A Laurie la risa se le salía por los ojos.

—Entonces salgamos al vestíbulo, porque allí no hay nadie. Podremos bailar sin descubrir el secreto de su zurcido.

Mientras lo hacían, el joven fue contándole que había estado en el extranjero y no terminaba de acostumbrarse a su vida en casa del abuelo. Entonces Jo quiso saber infinidad de cosas y él le habló de Italia y de sus cursos en Vevey, extendiéndose en las innumerables bellezas de Suiza.

Jo le miraba con la boca abierta. Tenía la impresión de que Laurie se expresaba como un libro. De pronto, señalando a Meg, que no cesaba de bailar, a través de la puerta, comentó:

—Aquella señorita parece muy agradable.

—Es mi hermana Meg, y usted lo sabe. ¿Verdad que es hermosa?

—¡Ya lo creo! Me recuerda a las muchachas alemanas y baila como una señora.

Jo se sonrojó al escuchar tal elogio de su hermana. Iban a pasarlo muy bien cuando se lo contara.

Habían terminado sentándose en la escalera y hablando, mirando y comentando parecían los mejores amigos del mundo.

Se enteró al rato de que Laurie no tenía más que quince años, cuando le había calculado diecisiete, quizá por su estatura.

Más tarde Meg llegó en busca de su hermana y ésta hizo las presentaciones tan protocolariamente que todos se echaron a reír.

Cuando dos horas más tarde Hannah vino a buscarlas, las dos muchachas se quedaron sorprendidas de lo rápidamente que el tiempo había pasado.

—Permítanme que las acompañe a casa —dijo Laurie—. El coche del abuelo está en la puerta.

Ambas hermanas se sintieron muy felices y también Hannah, que se ahorraba el camino de vuelta. Las tres experimentaban la impresión de ser unas grandes señoras.

Tras despedirse del muchacho, las chicas entraron sin hacer ruido en la casa y fueron a su habitación. Apenas crujió la puerta, dos gorritos de dormir surgieron de otros lechos y las adormiladas voces de Amy y Beth exigían el relato de lo ocurrido en el baile.

—¡Lo he pasado como nunca! —contó Meg—. He estado bailando todo el tiempo con un muchacho muy simpático. Además, la amiga de Sally, Annie Moffat, me invita a pasar unos días en su casa. ¿Creéis que mamá me dejará?

—Yendo con Sally no creo que ponga ningún reparo —repuso Jo.

Y se lanzó a contar lo divertido que había sido hablar de cuanto se le ocurrió con su nuevo amigo, el vecino de la casa de al lado.

—Ahora deberíais procurar dormir —dijo Beth con su eterna suavidad—. Ya sabéis lo que os aguarda mañana. Hasta entonces, que durmáis bien.

Las dos mayores ahogaron un suspiro. Al día siguiente, las dos tendrían que acudir a sus trabajos respectivos.

Varios años atrás, el señor March perdió todo su dinero en un desafortunado negocio y, en cuanto tuvieron edad, Jo y Meg se empeñaron en buscar un empleo y contribuir así a sufragar los gastos de la familia.

Margaret entró entonces como institutriz en casa de los señores King y, aunque en un principio su salario la hizo feliz, pronto echó en falta su acomodada vida anterior. Los niños a los que instruía tenían hermanas de su edad que hablaban constantemente de fiestas, teatros y modistas. A veces veía sobre las sillas lujosos vestidos que habían sido olvidados nada más ser estrenados y algo se rebelaba en su interior.

En cuanto a Jo, su destino fue tía March, como se llamaba en la casa a dicha señora. Era una mujer de carácter rudo y amargado, quizá a causa de la cojera que padecía y de su soledad, porque llevaba muchos años sin compañía desde la muerte de su esposo. Un buen día, cuando nadie se lo esperaba, anunció que deseaba adoptar a una de sus sobrinas como dama de compañía.

A partir de entonces, Jo se vio obligada a realizar inauditos esfuerzos para sobrellevar sin arrebatos de mal genio los caprichos y las exigencias de su tía, pero la imaginación se le iba hacia otra clase de vida; viajes, paseos a caballo, una gran biblioteca. En este aspecto no podía considerarse del todo desafortunada, ya que tía March poseía colecciones enteras de buenos libros arrinconados en el desván. Mientras dormía la siesta o recibía a sus amistades, Jo escapaba en busca de uno de aquellos libros, le quitaba el polvo y se apresuraba a devorarlo. Con razón la llamaban en casa ratón de biblioteca.

Para Beth había sido un suplicio acudir a la escuela. La gente le asustaba tanto que, cuando tenía que ponerse en pie para dar cualquier respuesta, se aturullaba de tal modo que rara vez encontraba las palabras adecuadas. Volvía de clase disgustada, pálida y sin apetito, por lo que el señor March decidió dejarla en casa y ser su profesor durante sus ratos libres.

Beth se reveló como una gran auxiliar en las tareas domésticas, ya que Hannah tenía demasiados años para encargarse de las faenas de la casa. Su gran afición era el piano, pero a veces lloraba amargamente sobre las viejas y desafinadas teclas. Como los demás, pensaba en tía March, que hubiera podido procurarle otro piano y aliviar sus preocupaciones.

La mayor inquietud en la vida de Amy era su nariz, que no le parecía demasiado bonita. Poseía una gran habilidad para el dibujo y la combinación de colores. Aprendía como nadie las canciones y sabía hacer ganchilllo. Su esbelta y armoniosa figura, su gracia y su donaire resultaban cautivadores. Hacía las delicias de cuantos la conocían y por ello su vanidad iba en aumento, ya que se convertía en la reina allá donde estuviera.

Entre las hermanas March se daba una circunstancia especial: cada una de las mayores había tomado la tutela de una menor. Jo se desvivía por Beth de forma maternal y Meg se hacía eco de todas las gracias y protestas de la menor.

Capítulo IV

Jo toma al asalto la casa de al lado

A la mañana siguiente del baile, Meg suspiró:
—¡Ay, qué difícil es empezar de nuevo! ¡Adiós a las vacaciones!

—A mí también me gustaría que siempre fuese Navidad o Año Nuevo —articuló dificultosamente Jo, en pleno bostezo.

Meg, que dudaba entre dos de sus vestidos, hablaba de lo agradable que sería tener cenas especiales, volver a casa en coche, leer, descansar y no trabajar.

—Mira, no es posible tenerlo todo —dijo Jo, cortando la letanía de sus quejas—. Tendremos que echarnos la carga al hombro y caminar tan alegremente como dice mamá. Estoy segura de que tía March es un fardo del que una no puede deshacerse; pero sé también que, cuando haya aprendido a llevarlo sin quejarme, se me caerá de los hombros o se hará tan ligero que no me molestará.

Meg, ceñuda, no compartía su optimismo. Cuatro niños mimados se le antojaban una carga demasiado pesada. Iban a convertirla en una vieja fea y agria antes de que se diera cuenta.

A las pequeñas tampoco parecía presentárseles bien la mañana. Beth tenía dolor de cabeza y permanecía recostada en el sofá del comedor, jugando con la gata y sus tres gatitos, y Amy parecía intranquila porque no se sabía las lecciones y preveía que iba a pasarlo mal. El resultado de tales estados de ánimo fue que empezaron a discutir, pero la señora March, comprensiva, fingió no observarlo mientras escribía una carta.

Cuando las dos mayores se despidieron en la esquina, para ir cada cual a su trabajo, Jo dijo riendo:

—Espero que estés de mejor humor cuando volvamos a encontrarnos.

A la semana siguiente, cuando Jo regresaba de su jornada en casa de la anciana, vio salir desde lejos al señor Laurence y experimentó una fuerte tentación: curiosear en casa del vecino, puesto que había salido. Le atraía como un palacio encantado, lleno de maravillas. Pero antes debía hacer algo. Entró canturreando en su propia casa y subió hasta el desván, para recoger un pico y una pala. Con ellos en la mano, bajó hasta el vestíbulo.

—¿Dónde vas con este frío? Es el día más crudo del invierno... —le gritó Meg al verla pasar.

—Voy a hacer un poco de ejercicio —contestó Jo despreocupadamente.

Y Meg, que estaba junto al fuego enfrascada en la lectura de *Ivanhoe*, se desentendió de ella.

A pesar del frío, la nieve no se había endurecido todavía en exceso y no le fue difícil abrir un caminillo en torno al edificio hasta una zona yerma del jardín, colindante con la casa de al lado, cuyos misterios ella se proponía desvelar.

De pronto descubrió que no era ella la única en observar, sino que, a su vez, era observada. Con la nariz pegada al cristal de una de las ventanas estaba el joven Laurence.

—¡Pobre chico! —pensó Jo—. Siempre solo en ese caserón. Necesitaría la compañía de gente de su edad. ¡Ea!, puesto que me ha visto, le arrojaré una bola de nieve.

Dicho y hecho. Luego, mientras él abría la ventana, Jo agitó la pala en su dirección.

—¿Es que está enfermo? —preguntó—. ¿Por qué no sale nunca?

Laurie, ronco como un cuervo, contestó desde arriba:

—Es que he pasado un catarro muy grande y llevo una semana encerrado en casa.

—Imagino que se habrá aburrido enormemente.

—¡Nada de eso! En un sepulcro me hubiera aburrido más.

—De todas formas, puedo mandarle unos libros si lo desea.

—No me permiten leer, se me cansa la vista.

—¿Y no tiene a nadie que le lea en voz alta?

—Algunas veces lo hace mi abuelo, pero lo que él lee no me interesa.

—¿Por qué no vienen otros muchachos a visitarle?

—¡Oh, no! ¡Los chicos meten mucho ruido! Tengo un poco de dolor de cabeza... ¿Querría usted venir?

—Yo tampoco soy muy tranquila —respondió Jo, entre risas—. Pero iré a pedirle permiso a mamá. Y cierre la ventana enseguida o se pondrá peor.

Precipitadamente, la muchacha se echó al hombro las herramientas y corrió hacia su casa. Una vez en ella, se puso un cuello limpio y trató de arreglar su cabello. Después, concedido el permiso, se precipitó hacia la casa de su vecino.

La sirvienta que abrió la puerta se mostraba bastante sorprendida de la visita de una desconocida. Desde la escalera, Laurie dijo:

—Haga pasar a la señorita, por favor...

Después se unió a Jo y la condujo hasta su pequeño despacho. La vecinita parecía un tanto extraña, con un plato cubierto con una servilleta y, en la otra mano, los tres gatitos de Beth.

—Hola, Laurie; mamá me ha pedido que le salude de su parte y Meg me ha dado un trozo de pudin blanco, que es su especialidad. Beth pensó que los tres gatitos podrían distraerle. Bien sé que van a molestar, pero no me he atrevido a negarme.

—Este pudin parece demasiado bonito para comerlo —dijo sonriendo, cuando Jo destapó el plato y vio el adorno de guirnaldas que presentaba el pastel.

—¡Qué habitación tan bonita! —exclamó ella, mirando las magnificencias que la rodeaban.

—Podría ser bonita si estuviera bien arreglada, pero estos días pasados, como me aburría tanto, he revuelto todos los libros, me he pegado con los almohadones y he jugado a los bolos con las botellas.

—En un abrir y cerrar de ojos pondré todo en orden —se brindó Jo, con su proverbial espontaneidad.

En un momento, bajo la dirección de su amigo, colocó los libros en las estanterías y los cachivaches en los cajones. Después fue ahuecando los almohadones y disponiéndolos convenientemente sobre el sofá. Laurie estuvo observándola en silencio, antes de acomodarse.

—Bien, siéntese y dígame qué puedo hacer para distraerla, ya que el orden se ha instalado aquí, gracias a usted.

A Jo le entró la risa.

—¡Pero si soy yo la que viene a distraerle! ¿Quiere que le lea en voz alta?

—Ya conozco todos esos libros, gracias. Preferiría charlar.

—Yo soy muy habladora. Al menos, es lo que dice Beth.

—Beth es la delgadita, ¿no es así? La guapa es Meg y la del pelo rizado, Amy.

—¿Cómo lo sabe?

Laurie enrojeció hasta las orejas.

—Es que, a veces, oigo cómo se llaman las unas a las otras y, cuando estoy aquí arriba, solo, no puedo evitar mirar hacia su casa. Tengo la impresión de que siempre están contentas y cuando oscurece, como a veces se les olvida correr las cortinas, si las lámparas están encendidas, puedo contemplarlas cuanto quiera. Su madre parece muy buena. Yo no tengo madre, ¿sabe?

Laurie atizó el fuego para ocultar la emoción que era incapaz de dominar.

Su expresión de soledad y nostalgia conmovía a Jo. A pesar de sus quince años, quizá por la sencilla educación que había recibido, no tenía la menor malicia. Había una dulzura desacostumbrada en su voz, al decir:

—No correremos más la cortina y le permitiremos mirar todo lo que quiera. Y también podría venir, siempre que su abuelo lo permita. A veces representamos obras teatrales y se divertiría mucho.

—Si realmente no molestase, creo que lo permitiría. Mi abuelo vive entre sus libros y no se entera de lo que pasa en el mundo. El señor Brooke, mi profesor, no vive aquí y no tengo a nadie que pueda hacerme compañía.

—Pues tiene que animarse y tratar de hacer amigos —aconsejó Jo; Laurie enrojeció. Decidió llevar la conversación por otros derroteros.

—¿Le gusta a usted su escuela? —preguntó.

Ella respondió que no iba a la escuela y que, como dama de compañía, asistía a una vieja tía muy gruñona. Le hizo después una graciosa descripción de la señora March, de su perro de lanas, de su loro que hablaba español y de los libros que tan buenos ratos le procuraban. También le contó el curioso incidente ocurrido cuando un viejo caballero, amigo de tía March, fue a visitarla y el loro, que estaba junto a su cabeza, le quitó la peluca con el pico.

Laurie reía francamente divertido, con las mejillas sonrosadas y una apariencia de felicidad.

Después, a vueltas con el tema de los libros, Laurie le propuso llevarla a la biblioteca del abuelo, si Jo no tenía miedo. Ella aceptó encantada.

—¡Cuánta riqueza! —suspiró Jo, dejándose caer en una gran butaca tapizada de terciopelo y mirando a su alrededor con inmensa satisfacción—. Theodore Laurence, es usted el chico más feliz del mundo —añadió gravemente.

—Un chico no puede vivir y alimentarse de libros —replicó Laurie, sentándose sobre una mesa, delante de Jo.

En aquel momento, un estridente sonido estremeció a Jo. Levantándose de un salto, ella susurró:

—¡Pobre de mí! ¡Es su abuelo!

—¿Y qué importa, si usted no tiene miedo de nada? —bromeó él.

—Pues, ahora tengo un poquito y no sé la razón, ya que mamá me concedió su permiso para que pudiera visitarle.

—Y le estoy muy agradecido.

Sin embargo, Jo se equivocaba. No se trataba del anciano señor Laurence, sino del médico, según informó la doncella, que iba a visitar al muchacho.

Al salir su amigo, descubrió un gran retrato del dueño de la casa, que parecía mirarla con desaprobación. Jo le dijo:

—Parece usted fiero, señor mío, pero a mí no me asusta, porque su mirada es benévola, a pesar de su aire severo. No es usted tan guapo como mi abuelo, pero me gusta.

—¡Gracias, señorita! —respondió una voz ronca a su espalda.

Jo se volvió en redondo con la boca abierta y paralizada de espanto, encontrándose frente a frente con el viejo señor Laurence. El corazón empezó a latirle con fuerza y dos rojos rosetones aparecieron en sus mejillas.

—¿Así que no me tiene usted miedo, eh?

—No mucho, señor.

Aunque podía contestar, estaba temblando.

—¿Así que no soy tan guapo como su abuelo?

—No, señor. No tanto.

—¿Y a pesar de todo le gusto?

—¡Claro que sí!

Las rápidas y decididas respuestas de Jo debieron de agradar al viejo caballero. Se le vio reír un momento, antes de estrechar la mano de la jovencita. Después examinó atentamente su rostro y, por último, dijo:

—Tiene usted el espíritu de su abuelo, aunque físicamente no se parezca a él. Siempre estuve muy orgulloso de su amistad.

Repentinamente Jo perdió su timidez y le explicó que estaba allí para distraer a su nieto, cuya soledad la apenaba. Luego añadió:

—Tampoco hemos olvidado su magnífico regalo de Navidad, señor.

—Eso no fue cosa mía, sino de Laurie. Por cierto, ¿cómo está aquella pobre mujer?

—Mucho mejor, señor. Mamá consiguió que algunas familias ricas se interesaran por aquella pobre familia.

—Ése era el modo que tenía su abuelo de hacer el bien. Diga a su madre que un día de éstos iré a visitarla. Y ahora, ¿quiere acompañarme a tomar el té?

—Si realmente lo desea... —respondió ella.

Cuando salían de la biblioteca, vieron a Laurie bajando a saltos la escalera.

—¿Qué mosca le ha picado a este caballero? —refunfuñó el anciano cuando el joven se detuvo a media escalera para contemplar estupefacto a Jo, que iba del brazo de su severo abuelo.

—No sabía que hubieras regresado —dijo por fin, dirigiendo a la joven una mirada de admiración.

El caballero sonrió antes de invitar al joven a ir con ellos para tomar el té.

Poco después Jo y Laurie charlaban como viejos amigos sobre sus gustos y aficiones, de todo y de nada. Aunque el señor Laurence permanecía silencioso, no debió de pasarle inadvertida la desusada animación de su nieto, ni su risa jovial, ni aquel apetito que de pronto parecía habérsele despertado. Y entonces comprendió que, en efecto, Laurie estaba demasiado solo y que la compañía de las vecinitas podía serle muy beneficiosa. Jo le agradaba por sus modales naturales, un tanto desenfadados, y también porque sabía comprender a su nieto tan maravillosamente como si ella misma fuese otro muchacho.

Cuando un rato después se levantaron de la mesa, Jo quiso despedirse.

—¿No le gustaría antes conocer el invernadero? —propuso Laurie.

Y ella aceptó, tras comprobar que el anciano parecía encantado con la invitación. Cuando entró en él, iluminado para recibirla, le produjo la impresión de ser el país de las hadas, con las paredes cubiertas de exquisitas flores, el ambiente húmedo, tibio y perfumado; y su luz, suave, casi irreal.

Su nuevo amigo cortó las flores más bellas, hizo un ramo y le rogó que se lo llevara a la señora March.

Al entrar nuevamente en la casa, Jo contempló arrobada el magnífico piano de cola situado en un ángulo del salón y en el que hasta entonces no se había fijado.

—¿Es que toca usted el piano? —preguntó a Laurie.

—Un poco —respondió el muchacho con sencillez.

—¡Oh, por favor! ¿Querría tocar algo? Me encantaría escucharle para contárselo a Beth.

Laurie no se hizo de rogar y Jo estuvo escuchando con la nariz escondida en los heliotropos y

las rosas. Su respeto y estimación por Laurie aumentaron al instante, ya que interpretaba muy bien y sin presunción.

—¡Es magnífico! ¡Toca usted de modo extraordinario! —exclamó cuando el muchacho dejó de tocar.

—No es para tanto, señorita March —interrumpió el abuelo, ligeramente molesto—. Es cierto que no lo hace mal, pero me gustaría que se tomara el mismo interés por todas las cosas importantes que debe aprender.

Josephine se despidió de él un tanto preocupada, así que se atrevió a preguntar:

—¿Se habrá enfadado el señor Laurence conmigo? ¿He hecho alguna cosa mal sin querer?

—No es eso —replicó el muchacho—. Es que al abuelo no le gusta oírme tocar por razones un tanto particulares. En fin, puede que algún día hablemos de esto, porque supongo que volveremos a vernos.

Capítulo V

Un regalo para Beth

Josephine March relató a su familia todo lo ocurrido durante la visita que realizara aquella tarde.

—Mamá, ¿por qué supones que al señor Laurence le disgusta que su nieto toque el piano?

—Quizá sea porque el padre de Laurie se casó con una pianista italiana. La boda disgustó al señor Laurence, aunque ella era muy bonita y muy buena. Su hijo tuvo que irse de su lado, puesto que él no aceptaba a su esposa y, sólo cuando los padres de Laurie murieron, el anciano fue en busca del nieto. Imagino que la afición de ese chico por la música le recuerda cosas que quisiera olvidar.

El señor Laurence resultó ser un amable caballero que cumplió su promesa de visitar a la señora March y, a partir de entonces, las cuatro hermanas pudieron visitar la casa del otro lado del seto sin sentir el menor temor. Hasta Beth, a pesar de su timidez con la gente, acompañó a sus hermanas.

Laurie no era el mismo. Había dejado de añorar la luminosa Italia y los tranquilos lagos suizos. Sin embargo, también empezó a descuidar sus estudios hasta el extremo de que el señor Brooke, el preceptor, hubo de quejarse al abuelo de las frecuentes escapadas del muchacho a casa de sus vecinas, con evidente perjuicio para las clases.

—No conceda demasiada importancia a las escapadas de mi nieto a casa de sus vecinas —repuso el anciano caballero—; creo que estaba necesitando unas vacaciones y después podrá recuperar el tiempo perdido. La señora March opina que el ritmo de estudios al que sometíamos a Laurie era demasiado intenso y que necesita compañía joven, diversión y ejercicio. Y creo que está en lo cierto.

También Jo había descuidado sus lecturas. ¡Era tan emocionante patinar! ¡Y tan divertidos los paseos en trineo! ¡Y aquellas comedias que representaban en el salón!

Además, las jóvenes podían ir a la casa grande cuando lo deseaban y Meg sentía verdadero placer con sus visitas al invernadero. Cortando flores y haciendo ramilletes, se creía la princesa feliz de un fantástico cuento. Así, sus clases le parecían más breves y los niños menos impertinentes.

Amy podía copiar los cuadros de casa de los Laurence y contar después a sus compañeras, dejándolas con la boca abierta, las magnificencias del palacio de sus íntimos amigos, los Laurence, con lo cual había ganado mucho en categoría.

Beth hubiera deseado poder tocar el piano de cola de sus vecinos, pero nunca se atrevía a manifestar sus deseos. El señor Laurence la miraba tan fijamente por debajo de sus espesas cejas que la dejaba sin aliento y se ponía tiesa como un palo.

Sin embargo, sucedió que el anciano caballero, durante una de sus visitas a casa de las March, dirigió hábilmente la conversación hacia la música; habló de cantantes famosos y de compositores y, por último, contó anécdotas tan interesantes que Beth, dejando su rincón, fue acercándose poco a poco, como fascinada. Tras la silla del anciano, escuchaba con sus hermosos ojos muy abiertos y las mejillas rojas de emoción. De pronto, como por azar, el anciano añadió:

—Por cierto, ahora mi muchacho descuida la música y de ello me alegro, pues estaba aficionándose demasiado, pero el piano sufre por falta de uso. ¿No querría alguna de sus hijas venir a practicar alguna vez para que no pierda el tono?

Beth avanzó un poquito apretándose las manos para contener su emoción, ya que la sola idea de pensar en aquel piano de cola le quitaba el aliento. Antes de que la señora March pudiese responder, el señor Laurence siguió diciendo, mientras movía la cabeza:

—No es necesario que hablen o que vean a alguien, pueden entrar a cualquier hora; yo estoy encerrado en mi estudio, al otro lado de la casa, y Laurie pasa mucho tiempo fuera. Después de las nueve, las sirvientas no entran en el salón.

Diciendo esto, se levantó para despedirse.

—Por favor, señora March, no se olvide de pedir a sus hijas que vayan a casa a tocar el piano. Claro que, si no lo desean, tampoco importará mucho que el piano pueda estropearse un poco.

En aquel momento una manita pequeña se deslizó en la del caballero y, levantando hacia él su tímida mirada, dijo con un hilillo de voz:

—Estamos deseándolo, señor; lo deseamos muchísimo.

—¿Así que eres muy aficionada a la música? —preguntó el anciano cariñosamente, procurando no sobresaltarla.

—Sí, señor... Soy Beth y si no molesto a nadie... quizá vaya de vez en cuando...

—No molestarás a nadie, querida niña; la casa está vacía la mitad del día, así que puedes hacer todo el ruido que quieras. Te lo agradeceré mucho.

—¡Qué amable es usted, señor!

El viejo caballero le acarició suavemente la cabeza y luego la besó, diciendo con un tono muy poco frecuente en él:

—Yo tenía una niña con una mirada como la tuya; Dios te bendiga, querida mía. ¡Buenos días, señora! —Y se fue precipitadamente.

¡Qué contenta se sentía Beth! A la mañana siguiente cumplió con sus obligaciones más apresuradamente que de ordinario, corriendo a cada instante a la ventana. En cuanto vio salir al señor Laurence en compañía de su nieto, corrió hacia la casa de al lado. Hizo su entrada por una puerta lateral y, silenciosa como un ratoncillo, se encaminó al salón que albergaba el gran tesoro. ¡Qué casualidad! Sobre el piano aparecían unas partituras fáciles de interpretar y, con manos temblorosas y haciendo frecuentes pausas para escuchar, Beth fue arrancando notas al magnífico instrumento.

Al rato había olvidado todos sus temores, arrebatada por el encanto de la música, que era para ella como la voz de un amigo querido. Tanto es así que Hannah tuvo que ir en su busca a la hora de comer.

Un par de semanas después, dijo a su madre:

—Mamá, el señor Laurence es tan bueno conmigo que me gustaría demostrarle de algún modo mi agradecimiento. ¿Qué te parecería si le hiciera un par de zapatillas?

—Creo que es una buena idea. Cuando las tengas listas, te daré dinero para que les pongas las suelas.

Meg y Jo colaboraron en el trabajo, de modo que quedaran todo lo elegantes que fuera posible. Una vez terminadas, con la colaboración de Laurie, las zapatillas se depositaron sobre la mesa del despacho del abuelo, acompañadas de una notita de Beth.

Durante todo el día aguardó la reacción del señor Laurence, pero nada ocurrió. Aunque no hizo ni un solo comentario, estuvo pasándolo muy mal, temiendo haber disgustado al anciano. Durante la tarde del segundo día, cuando volvía de dar un paseo con sus dos muñecas inválidas, sus hermanas la llamaron desde la ventana.

—¡Tienes carta del señor Laurence!

—¡Rápido, Beth...! ¡Te ha enviado...! —Amy no pudo terminar, ya que sus hermanas la arrancaron de la ventana.

Todas en tropel fueron en busca de Beth y, en volandas, la condujeron a la sala. Allí, maravilloso, como un sueño increíble, aparecía un pequeño piano vertical, sobre cuya brillante tapa destacaba una carta. Iba dirigida a la señorita Elizabeth March.

—¿Para mí? —preguntó Beth. Y se aferró a Jo como si temiera caer redonda al suelo.

—¡Claro que es para ti! ¿No te parece que el señor Laurence es el hombre más bueno del mundo?

—¡Oh, qué hermoso es! —exclamaba la chiquilla.

Tanto temblaba que Meg tuvo que abrir la carta por ella. Decía:

«Querida señorita March:

He tenido muchos pares de zapatillas en mi vida, pero nunca uno que me estuviera tan bien como el suyo, por lo que siempre recordaré a su encantadora donante. Me gusta pagar todas las deudas y por eso espero que permitirá usted a este anciano enviarle un objeto que, en otros tiempos, perteneció a la nietecita que hoy no vive. Con mi sincero agradecimiento y mis mejores deseos, queda de usted muy agradecido, amigo y humilde servidor,

JAMES LAURENCE».

—Supongo que estarás orgullosa —comentó Jo—. Laurie me dijo cuánto quería el abuelo a la niña que murió. ¡Quién tuviera los ojos azules y supiera tocar el piano!

Amy, que estaba impresionada, dijo entre suspiros que nadie nunca le había enviado una carta despidiéndose como su agradecido y humilde servidor y que, según todos los cálculos, jamás la recibiría.

Beth acarició las teclas antes de iniciar una suave melodía. Era evidente que aquel piano acababa de ser afinado, pues todas aseguraron que ningún otro sonaba mejor.

—Lo peor es que tendrás que ir a dar las gracias al señor Laurence —comentó Jo con aire burlón.

Y Beth, como si despertara de un sueño, murmuró:

—¡Oh, sí que iré! Eso no puede esperar.

Ante el asombro de las otras, salió de casa, cruzó el jardín y entró en la de al lado con aire tan decidido que no parecía ella.

En condiciones normales la pobre niña nunca hubiera sido tan valiente.

Y todavía se hubieran sorprendido más de poder contemplar a Beth entrar como un meteoro en la casa, en cuanto el criado le abrió la puerta, y golpear en la del estudio de su dueño. En cuanto oyó «adelante», avanzó con timidez, produciendo en el señor Laurence un asombro muy similar al originado poco antes en casa de las March. La niña extendió su manita y dijo con voz temblorosa:

—He venido a darle las gracias, señor…

Pero no concluyó. Tan amables le parecieron los ojos del anciano que, olvidando por completo su discurso, le echó los brazos al cuello y le besó.

Si el techo de la casa se hubiera echado a volar, no se hubiera sentido más sorprendido el anciano como con la afectuosa explosión de Beth.

Tan conmovido estaba que olvidó su brusquedad.

—¿Me quieres, pequeña? —preguntó con voz trémula.

—¡Mucho! —respondió Beth, oprimiendo su mejilla contra el pecho del anciano.

Cuando la niña regresó a su casa, el señor Laurence, que iba con ella, no la abandonó hasta dejarla en la misma puerta. Le estrechó la mano y, al retirarse, se quitó el sombrero manteniéndose erguido y arrogante como si despidiera a una dama de alta alcurnia. Las hermanas de Beth, curiosas, que atisbaban por la ventana, apenas podían creerlo.

Capítulo VI

Nubes de tormenta

Amy entró en el dormitorio de sus hermanas mayores la tarde del sábado, cuando más ocupadas estaban preparándose para una misteriosa salida.

—¿Dónde vais? —preguntó.

—No te importa —respondió Jo—. Las niñas pequeñas no han de ser preguntonas.

—Sé que vais a algún sitio con Laurie.

—De acuerdo, tienes razón: vamos con él, pero no fastidies más.

Amy observó a Meg, a escondidas, que se guardaba un abanico en el bolsillo.

—¡Ya sé! —exclamó Amy—. Vais al teatro a ver *Los siete castillos.* Yo también puedo ir, ya que mis ahorros llegan para la entrada.

Jo, a punto de explotar, replicó:

—Mira, niña; ni así puedes venir. Tenemos las butacas reservadas y tendrías que estar sola. Como Laurie es un caballero, no lo consentiría y nos echarías a perder el plan.

Las dos mayores se fueron y Amy se quedó amenazando a Jo: ¡se las pagaría, vaya que sí!

Lo pasaron muy bien en el teatro pero, aunque la obra le interesaba, Jo sentía un malestar extraño que quizá tuviera relación con su remordimiento. También se preguntaba qué estaría haciendo Amy en aquel momento.

Al entrar en casa y ver a Amy leyendo tranquilamente en la sala, aunque con ademanes de reina ofendida, se tranquilizó un tanto. Jo comprobó que todas sus cosas estaban en orden y supuso que Amy había olvidado su amenaza.

Durante la cena no se hablaron, pero Jo aprovechaba la menor oportunidad para mostrarse amable con su hermana, que permanecía ceñuda y ofendida.

Sin embargo, al día siguiente, Jo, presa de una gran excitación, se presentó en la sala donde se hallaban Meg, Amy y Beth.

—¿Alguien ha escondido el libro de cuentos que estaba escribiendo?

Las tres negaron, aunque Amy añadió:

—No está en ningún sitio.

—¿Quieres decir que lo tienes tú?

—Ni lo tengo ni me importa, pero nunca volverás a ver ese odioso librucho.

—¿Por qué?

—Lo quemé ayer —repuso Amy, con aire displicente.

—¿Has osado quemar un libro en el que tanto cariño había puesto, pues quería acabarlo para cuando papá volviera?

Sus nerviosas manos zarandearon a Amy mientras añadía:

—¡No podré escribirlo de nuevo y no te lo perdonaré en toda mi vida!

Meg tuvo que quitársela de las manos, no sin que antes Amy recibiera un buen bofetón de Jo. Después, ésta corrió a refugiarse en el desván. La señora March se enteró de lo sucedido al regresar a su casa aquella tarde. Entonces, con pesadumbre, regañó a la pequeña.

—Me disgusta mucho saber que eres capaz de cometer una acción semejante, Amy. El libro de Jo no sólo era su orgullo, sino la esperanza de todas nosotras.

Amy no necesitó más para llorar desconsoladamente, asegurando que lamentaba mucho lo ocurrido por no saber dominar sus impulsos. Y a la hora del té fue a suplicar con humildad el perdón de Jo.

—¡No te perdonaré jamás! —respondió tajante, sin mirarla siquiera.

Amaneció un día terriblemente frío. Los empañados cristales de la casa traslucían vagamente el grueso manto de nieve y los retorcidos carámbanos que pendían de los tejados.

La tormenta que había entre las dos hermanas repercutía en toda la casa y hasta Hannah se mostraba ceñuda.

«Todo el mundo está desagradable», pensaba Jo. «Pediré a Laurie que me acompañe a patinar. Él siempre está de buen humor y su compañía me hará bien».

Poco después, en tanto hacía sus deberes en el salón, Amy escuchó el chirrido de los patines.

—¿Habéis visto? —exclamó—. Jo me había prometido llevarme con ella la próxima vez que fuera a patinar y ésta es la última nevada que tenemos. Lo hace para vengarse de mí.

—Vamos, Amy —reconvino Meg—. Reconoce que te portaste muy mal con ella y que es justo que le cueste perdonarte. Tendrás que ganártela de nuevo a fuerza de cariño.

—Anoche me disculpé y ya viste que no conseguí nada.

—Espera a que recobre su buen humor; entonces te acercas y le das un beso. Estoy segura de que volveréis a ser buenas amigas.

—¡Eres un encanto, Meg! Voy a hacerlo ahora mismo...

Con la mejor voluntad, Amy se dispuso a seguir el consejo, a tiempo de ver a la pareja cuando doblaba la colina. Antes de que pudiera darles alcance, habían llegado al río. Jo, que la había visto, le volvió ostensiblemente la espalda. A Laurie, por el contrario, le pasó inadvertida porque estaba deslizándose con cuidado por la orilla para probar la solidez del hielo.

—Antes de empezar a correr —dijo—, daré una vuelta despacio para asegurarme de que no hay peligro.

Amy estaba poniéndose los patines y Jo, encogiéndose de hombros, fue zigzagueando lentamente río abajo, aunque no ignoraba las dificultades de su hermana para calzarse sobre el resbaladizo piso. Su creciente ira la dominaba más y más. En aquel momento, Laurie le gritó:

—¡Quédate cerca de la orilla, Jo! ¡El hielo no es muy firme en el centro!

Jo asintió, pero Amy, que en aquel instante intentaba ponerse de pie, no llegó a enterarse de la advertencia.

Laurie había desaparecido tras el recodo y Jo se preparaba a dar la vuelta. Amy, a bastante distancia, supuso que podría avanzar con mayor rapidez por el hielo liso del centro del río. Durante un segundo, Jo permaneció quieta, luchando entre su sentido común, que le aconsejaba advertir a su hermana, y la ira, que dominaba sus buenos sentimientos. Tras encogerse de hombros, se dispuso a seguir su marcha, pero algo más fuerte que su voluntad la obligó a volver la cabeza, justo a tiempo de ver a su hermana menor hundirse entre el hielo roto, levantando desesperadamente los brazos.

Su grito de terror heló la sangre en las venas de Jo. Quiso llamar a Laurie y las palabras no salieron de su garganta; trató de correr, y sus pies no la obedecieron. Con los ojos agrandados por el pánico, veía la pequeña capucha azul de Amy desaparecer en las aguas. En aquel momento, alguien pasó a su lado en alocada carrera, gritando:

—¡Arranca una tabla de la valla! ¡Pronto!

La brusca y apremiante orden de Laurie la hizo reaccionar. Con la tabla que Jo pudo arrancar de la valla, consiguieron tras algunos esfuerzos sacar a

Amy del lugar en el que había caído, más asustada que lastimada.

—¡Vamos a taparla con nuestros abrigos y a llevarla rápidamente a casa! —ordenó Laurie.

Tiritando, chorreando y llorando, Amy fue conducida a su casa. Al rato, envuelta en mantas, dormía tranquilamente junto al fuego. Sólo entonces la señora March reparó en las manos heridas de Jo, que no quería separarse de su hermana.

—¿Estará muy enferma? —susurró asustada.

—Tranquilízate, yo creo que no le ocurrirá nada. Es posible que ni siquiera se resfríe, ya que la trajisteis enseguida.

—Si muriera, sería mía la culpa. Debí advertirla del peligro, pero tengo un genio endiablado. ¿Qué debo hacer para cambiar, mamá?

—Vigilarte y rezar, hija mía. No debes pensar que eres incapaz de corregir tu defecto. Supones que tu carácter es el peor del mundo, pero te aseguro que el mío no era mejor.

—¿El tuyo? ¡Pero si nunca te enfadas!

—He tratado de hacer desaparecer mis arrebatos durante cuarenta años y sólo he conseguido reprimirlos. Me enfado casi todos los días de mi vida, Jo; pero he aprendido a no demostrarlo, y todavía tengo la esperanza de aprender a no sentirlo, aunque necesite otros cuarenta años para conseguirlo.

Jo, muy emocionada, susurró:

—Me daré por satisfecha si algún día llego a ser la mitad de buena que tú.

—Llegarás a ser mucho mejor, hija, estoy segura; pero no dejes de vigilar estrechamente a tu enemigo interno.

Jo abrazó a su madre por toda respuesta y, desde el fondo de su corazón, elevó la más sincera plegaria de su vida; en aquella hora no sólo había conocido el tormento del remordimiento, sino también la dulzura de la abnegación y el valor que tiene el dominio de uno mismo.

Amy empezó a moverse y a suspirar en sueños, y Jo la contempló con ternura.

—¿Cómo pude ser tan mala contigo? —susurró, acariciándole el cabello todavía húmedo.

Como si la hubiera oído, Amy abrió los ojos. Luego sonrió y sus brazos se cerraron en torno al cuello de Jo. No hablaron, pero ambas se perdonaron con un sincero beso.

Capítulo VII

Un viaje muy instructivo

Un hermoso día de abril, Meg cerraba una maleta, ayudada por sus hermanas.

—La verdad es que esos chicos han pillado el sarampión con mucha oportunidad —decía.

—Y Annie Moffat ha sido muy amable al no olvidar su invitación —dijo Jo, que parecía que era quien se iba de viaje a juzgar por su nerviosismo.

—¡Es estupendo poder pasar quince días de vacaciones con ella y Sally Gardiner, precisamente ahora que no tengo clase!

—Sí que tienes suerte —intervino Amy—. Podrás divertirte, vestirás como una gran dama y acudirás a fiestas y paseos. Tendrás coches, criados y todo eso, como en el cuento de la Cenicienta.

—¡Ojalá pudierais venir todas conmigo! —exclamó Meg—. Sin embargo, os prometo contaros con detalle todas mis aventuras. ¿Verdad que mi ropa es casi perfecta?

—¿Qué te dio mamá del arca del tesoro? —preguntó Amy, refiriéndose al arcón de cedro en el que su madre guardaba viejos recuerdos de su pasado esplendor.

—Un par de medias de seda, su precioso abanico de nácar y aquel elegante corpiño azul. Quedará muy bien con mi traje blanco. Desde luego hemos trabajado duramente arreglando mi ropa y dándole la vuelta a mi vestido azul. No se me olvida nada, ¿verdad?

—¡El traje del baile! —exclamó Beth.

—Será mejor que mamá lo empaquete para que no se arrugue demasiado.

Los Moffat llevaban una agitada vida y parecían afectados, de modo que la sencilla Meg se encontró los primeros días un tanto intimidada por la magnificencia de la casa y la elegancia de sus moradores.

Pero a pesar de todo eran gente amable y acabó por encontrarse cómoda sin comprender muy bien la razón. Tenía la impresión de que no eran personas muy cultas ni inteligentes y que todo su brillo social no era suficiente para ocultar el material ordinario del que estaban hechas.

Cierto que era agradable comer bien, pasear en coche, lucir bonitos vestidos y no pensar más que en divertirse. Esto era ideal para Meg y encajaba con sus gustos; pronto empezó a imitar los modales de sus compañeras, a darse importancia y a mezclar frases francesas en la conversación. Asimismo, aprendió a rizarse el cabello. Tan bien se apropió del papel de gran dama que le atormentaba la idea de lo pronto que terminaría aquello; unos días más y estaría de nuevo en su incómoda casa y en su trabajo.

Sin embargo, estos pensamientos no la inquietaban más que durante algunos momentos.

Las tres chicas estaban demasiado ocupadas con sus diversiones. Además, todos en la casa parecían haberse encaprichado de Meg, a la que llamaban cariñosamente Daisy. Procuraban adivinar sus menores deseos para satisfacerlos de antemano y hacerle inolvidable su estancia entre ellos.

Cuando llegó la esperada noche del baile en casa de los Moffat, descubrió que el vestido de muselina no le iba bien y se dispuso a usar el de tarlatana, que parecía más viejo, soso y gastado que nunca al lado del flamante traje de Sally.

Meg no había dejado de notar la mirada que las chicas deslizaron por su vestido y las mejillas se le encendieron porque, a pesar de su dulzura, también tenía su orgullo.

Nadie habló de ello y Sally se ofreció a arreglarle el pelo, Annie se ocupó de la lazada del cinturón y Belle, la mayor, que tenía novio, alabó la blancura de sus manos.

«Me tienen lástima por mi pobreza», pensaba Meg.

En aquel momento la doncella entraba con una gran caja de rosas y una carta para ella, cosas ambas que le hicieron olvidar su amargura.

—¿Quién te las manda? ¡No sabíamos que tuvieras un admirador!

—La carta es de mamá y las flores me las envía Laurie —contestó sencillamente Meg.

—Ya —repuso Annie, como si descubriera un gran misterio.

—Podemos hacer tres ramilletes —propuso Meg.

Con una flor en el cabello y el rostro radiante, ya no se encontró tan pobremente vestida al mirarse de nuevo en el espejo. La noche estaba resultándole maravillosa. Bailaba sin cesar, solicitada por todos y sintiéndose el centro de todas las miradas.

Fueron unas horas muy agradables hasta que, por azar, escuchó una conversación que iba a terminar con su alegría. Estaba sentada junto al invernadero, esperando a su pareja, que había ido a buscarle un refresco, cuando oyó una voz procedente del otro lado del parterre que preguntaba:

—¿Qué edad tiene él?

—Dieciséis o diecisiete años, diría yo —dijo otra voz.

—¡Qué magnífico partido para una de esas chicas! ¿No le parece a usted? Sally dice que son íntimos amigos y que el viejo está chiflado por ellas.

—Supongo que la señora March tiene sus proyectos y está llevando las cosas con prudencia, puesto que son muy jóvenes. Claro está que la

muchacha no piensa todavía en ello —comentó la señora Moffat.

—Ella dijo aquella mentira de la carta de su madre, como si se diera cuenta, y hasta se ruborizó cuando llegaron las flores. ¡Pobrecilla! ¡Estaría tan bonita si pudiera vestirse a la moda!

—¿Cree usted que se ofendería si nos ofreciéramos a prestarle otro vestido para el jueves? —preguntó otra voz.

—Es algo orgullosa, pero creo que no le importaría, porque no tiene otro vestido más que ese viejo de tarlatana.

—Convidaré a ese Laurence en su honor y de paso nos divertiremos.

La cordial amistad que había entre ella y Laurie se estropeaba tontamente por lo que había oído, y la confianza que tenía en su madre había sufrido un duro golpe al pensar en la posibilidad de los secretos proyectos que la señora Moffat le atribuía.

Aquella noche durmió poco, por lo que por la mañana tenía unas enormes ojeras.

—¡Buenos días, Daisy! ¿Has descansado, *cherie?* —saludó Belle, la hermana de Annie—. ¿Te divertiste anoche?

—¡Naturalmente! ¡Todos vuestros amigos son encantadores! —respondió.

Sally y Annie no tardaron en hacer su aparición.

—¡Hola, encanto! —saludaron también alegremente.

—¿Sabes una cosa? —añadió Belle—. Acabo de enviar una invitación al señor Laurence para el baile del jueves.

Meg enrojeció al comprender la indirecta pero, con la maliciosa idea de burlarse un poco de ellas, respondió modestamente:

—Eres muy amable, pero me temo que no vendrá.

—¿Por qué no, *cherie?* —preguntó Belle con asombro.

—Es demasiado viejo.

—¿Cómo? ¿Pues qué edad tiene?

—Cerca de los setenta, creo —respondió Meg, haciéndose la tonta.

—¡Pero qué pícara eres! Queremos decir que hemos invitado al joven.

—No hay ningún joven allí; Laurie es sólo un muchacho.

Meg no pudo contener la risa ante la mirada de extrañeza que las dos hermanas cambiaron al oír describir de tal forma al que ellas ya habían considerado su novio.

El acoso continuaba y Sally abordaba poco después el tema del vestido.

—¿Qué te pondrás el jueves?

—Otra vez mi traje blanco —repuso Meg, procurando conservar la calma.

—¿No podrías pedir a tu familia otro? Es que como el mío es también blanco...

—No tengo otro.

—No es necesario, puesto que yo tengo uno precioso de seda celeste que se me ha quedado pequeño —interrumpió Belle—. Si te lo pusieras para complacerme, también saldrías ganando, porque estarías bellísima.

Meg no podía negarse y su sonrisa fue de consentimiento.

Llegó la noche del jueves y Belle quiso hacerlo todo por sí misma.

Ella aleccionaba a la doncella para que le pusiera polvos perfumados en los brazos y el cuello, así como ungüento de coralina en los labios. El ceñido traje azul la hizo enrojecer por su pronunciado escote.

La doncella la contempló con éxtasis, asegurando que estaba preciosa.

—Pues, todavía falta lo mejor —dijo Belle.

Lo mejor eran las joyas; un adorno de filigrana de plata y perlas; brazaletes, broche y collar.

—¡Eres una auténtica belleza! —alabó Belle.

—Temo que la belleza no esté en mí, sino en todos estos artificios —respondió Meg, con mezcla de satisfacción y pena.

—¡Calla, boba! Te aseguro que vas a ser la admiración de la fiesta.

Estaba nerviosa, pero había conseguido dominarse cuando entró en el salón, majestuosa como una reina.

—¿Quién es esa preciosidad? —preguntó una de las damas.

—Daisy March —replicó la señora Moffat—. Su padre es coronel del ejército. Pertenece a una de nuestras mejores familias, pero tuvieron reveses de fortuna y, ¡en fin, ya sabe! Son muy amigos de los Laurence. ¿No es una criatura encantadora? Mi hijo Ned está loco por ella.

Meg seguía representando su papel de gran dama, jugueteando con su abanico y riéndose con un joven, cuando descubrió a Laurie mirándola con reproche. Entonces se sintió confusa, pensando en todas las tonterías que estaba haciendo. Rápidamente se deshizo de su pareja y fue algo avergonzada al encuentro del muchacho.

—No sabes lo que me alegra verte, Laurie. Temí que no quisieras venir.

—Estoy aquí porque Jo me lo pidió. Y también que me fijase en todo y le contara el aspecto que tenías.

—¿Qué le dirás? —preguntó Meg con curiosidad.

—Le diré que no te he reconocido, que me pareces tan diferente y tan mayor que me siento aturdido.

La miraba desaprobadoramente y Meg preguntó con un hilo de voz:

—¿No te gusto así, verdad?

—No. Odio los perifollos y no pareces más que una muñeca de salón.

A Meg le indignó aquel tono, viniendo de un muchacho más joven que ella. Así que se alejó de su lado con petulancia y fue hasta el balcón, pensando que el aire fresco le haría bien. Empezaba a arrepentirse de haber permitido que las hermanas Moffat la manejaran a su antojo.

Una voz a su lado dijo:

—Perdona mi grosería, Meg, me gustaría que bailaras conmigo.

—Temo que sea un gran sacrificio para ti, Laurie.

—Nada de eso; tu vestido no me gusta, pero debo confesar que estás... ¡fantástica!

Ella sonrió y empezaron a bailar. Las cosas volvían a su lugar y acertaba a ver con mayor claridad. El salón estaba lleno de tapices y terciopelos, de risas y flores, pero lo más importante, lo más valioso era ser ella misma.

Al día siguiente, recordando lo ocurrido la víspera, incluidos sus coqueteos con Ned, se sentía completamente estúpida. Y decidió que no quería vivir de un modo tan necio.

Capítulo VIII

Una alegre excursión

Fatigada por dos semanas de diversión, Meg sentía un maravilloso bienestar sentada en la sala de su casa.

—¡Es estupendo estar en casa y no tener que cambiarse constantemente de vestido para hacer visitas, asistir a la ópera o a una fiesta! —exclamó junto al resto de su familia.

—No puedo entender que esa forma de perder el tiempo guste a algunas personas —afirmó Jo.

—Los primeros días me deslumbraba esa vida, pero al final me costaba un gran esfuerzo aceptar toda aquella superficialidad —comentó Meg.

—¡Cómo me tranquiliza escucharte! —se esponjó la señora March—. Temía que nuestra casa te resultara demasiado pobre después de haber disfrutado del placer del lujo.

—Pues he disfrutado de ese placer, pero...

Meg expuso todas sus equivocaciones sin omitir ninguna, empezando por su debilidad al dejarse vestir con el hermoso y escotado traje azul, su vanidad al saberse hermosa, sus coqueteos con el joven Ned y sus excesos con el champán.

La señora March parecía serena al inquirir:

—Tengo la impresión de que todavía te dejas algo...

Meg titubeó antes de explicar cuánto le habían dolido los chismes que escuchó sobre su familia. Mientras hablaba, los ojos de su madre se llenaron de chispitas brillantes; sus labios estaban muy prietos.

Fue Jo la que no supo callar su indignación.

—¡Valiente sarta de estupideces! ¡Vaya con tus bondadosas amiguitas! Puede que, cuando las encuentre, no sepa contener lo que pienso y lo lance con la fuerza de una catarata. ¿Cómo tuviste tanta paciencia, Meg?

—Tu hermana hizo lo que debía. Olvidad las dos esas cosas y no se hable más de ello. Fui muy imprudente al dejarte ir a casa de unas personas a las que apenas conozco y lamento profundamente el daño que haya podido hacerte esa visita. No dudo de que sean buena gente, pero sin ninguna discreción ni categoría.

Jo estalló de nuevo:

—¿Cómo han podido pensar que tú tienes proyectos para nosotras, mamá?

—Como todas las madres es natural que alimente proyectos. ¿Qué madre no los tiene? Pero difieren algo de las suposiciones de la señora Moffat. Pretendo que mis hijas sean distinguidas y buenas, que se hagan querer y respetar; que tengan una juventud feliz, que se casen bien y prudentemente. Ser amada y escogida por un hombre bueno es algo maravilloso y espero que mis hijas conozcan esta hermosa experiencia. Es natural que sea ambiciosa para vosotras, pero no deseo que obtengáis un puesto importante en el mundo ni que os caséis con hombres ricos por el mero hecho de serlo, o que tengáis casas espléndidas que no sean verdaderos hogares. Prefiero veros esposas de hombres pobres, pero felices, a reinas en un trono, sin paz ni cariño.

—Eres estupenda, mamá —exclamaron a un tiempo las dos muchachas.

Los meses pasaron rápidamente y con el verano llegaron las esperadas vacaciones. Tenían tiempo para cuidar cada cual su parcelita de jardín, remar en el río o bien ir en busca de flores silvestres. Pero, como también hubo días de lluvia, se organizaron diversiones caseras.

Por entonces las sociedades secretas estaban de moda y ellas pensaron formar la suya, a la que dieron el nombre de La Cuadrilla de Pickwick, sugerido por la lectura de las obras de Dickens, del que eran grandes admiradoras todas las March. Las sesiones se celebraban en la buhardilla con gran ceremonial. Después redactaban un periódico llamado *Cartapacio Pickwick,* con mucho ingenio. No se admitían miembros masculinos, pero se nombró socio de honor al señor Theodore Laurence.

A Laurie se le ocurrió la idea de convertir en buzón una vieja pajarera; no podía él imaginar las muchas cartas amorosas que el buzón recibiría con el tiempo. Se encontraba junto al seto, en la parte más baja del jardín y cada una de las muchachas tenía una llave, pero era Beth la encargada de recoger y distribuir las cartas y también los extraños objetos que a veces aparecían en la peculiar oficina de correos.

Un día de julio entró en la casa con las manos llenas, y fue repartiendo cartas y paquetes como el cartero.

—Aquí están tus flores, mamá. Laurie es tan bueno que nunca se olvida de dejarlas en el buzón para ti —dijo, poniéndolas en el florero, junto al sofá de su madre.

—Para la señorita Meg March hay una carta y un guante —añadió Beth.

—¿Uno sólo? ¡Pero si perdí los dos! ¿No habrás dejado caer el otro por el jardín?

—Estoy segura de que no.

Meg abrió su carta con expectación. Las otras se morían de curiosidad y se arremolinaron a su alrededor.

—¡Vaya! Es la traducción alemana de esa canción que me gusta tanto. Supongo que ha debido hacerla el señor Brooke, porque no es la letra de Laurie.

—¡Dos cartas y un libro para el doctor Jo! —siguió gritando el gracioso cartero—. Y además... ¡este monumental sombrero que estaba fuera del buzón y lo cubría por completo!

—Laurie es un chico estupendo y con sentido del humor, además de original —alabó Jo.

—Sí, sí, pero ¿de quién son las cartas? —preguntó Amy.

Jo leyó a la carrera una de ellas. Contenía unas breves líneas de su madre, animándola y felicitándola por sus progresos. La otra era de Laurie.

—¡Chicas, escuchad, es fantástico! —exclamó Jo.

—¡Lee, lee! —gritaron sus hermanas.

«Querida Jo: ¡Hola! Unos amigos míos van a venir mañana y quiero que lo pasemos bien. Si hace buen tiempo, he pensado instalar la tienda en Longmeadow y llevar a todo el grupo en barca, río arriba, para almorzar y jugar al críquet, encender una hoguera, comer al estilo de los gitanos y divertirnos de lo lindo.

Brooke nos acompañará para vigilar a los chicos y Kate Vaughn estará al cuidado de las chicas. Quiero que vengáis todas y que no os preocupéis de la comida, de eso me encargo yo. Con una prisa terrible te saluda,

LAURIE».

Las muchachas corrieron en busca de la señora March, hablando a un tiempo. Y, naturalmente, les concedió el permiso para la excursión.

—Espero que esos amigos de Laurie no sean demasiado mayores ni elegantes. ¿Sabes algo de ellos, Jo? —preguntó Meg, que tras su visita a casa de los Moffat sentía cierto temor por los desconocidos.

—Sé que son muy simpáticos todos —explicó Jo—. Laurie los conoció en Europa, aunque todos son ingleses. Kate, que se encargará de nuestra protección, es la mayor de los cuatro; le siguen los gemelos, Fred y Frank, que tendrán aproximadamente mi edad, y la más pequeña es Grace, que sólo tiene nueve o diez años. Podremos divertirnos. ¡Ah, Beth! ¿No pensarás quedarte, verdad?

—Me gustaría complacer a Laurie, pero sólo iré si prometéis que los chicos no me hablarán.

—¡Pero, cariño! ¡Eso no podemos prometerlo nosotras! —se burló Jo.

Al día siguiente, las chicas se despertaron muy temprano. Cada cual se arreglaba convenientemente, echando mano de lo que consideraba necesario para un día de campo. Beth, que estuvo preparada enseguida, pegada a la ventana, iba informando a sus hermanas de cuanto sucedía en la casa de al lado:

—¡Allá va un hombre con su tienda de campaña! La cocinera está poniendo la merienda en una enorme cesta... Ahora el señor Laurence mira al cielo y a la veleta. ¡Ojalá venga él también! Laurie hace señas... ¡Qué simpático es! ¡Ay, pobre de mí, un coche lleno de gente! Una señora alta, una niña y dos terribles muchachos... ¡Oh, uno es cojo y lleva muleta...! ¡Pobre! ¡Laurie no nos dijo nada de eso! Por allá va Ned Moffat.

Jo se puso en marcha y sus hermanas la siguieron. Laurie las recibió en el prado e hizo las presentaciones sin gran protocolo. Meg notó complacida que Kate, aunque tenía veinte años, iba vestida con mucha sencillez y también se sintió complacida cuando Ned dijo que estaba allí expresamente para verla.

Beth, que pasaba revista a los chicos con disimulo, llegó a la conclusión de que el cojito no era terrible, sino tranquilo y débil; por tanto, podía ser amable con él. Por su parte, Amy descubrió que Grace era muy alegre y, después de mirarse detenidamente sin decir nada, ambas niñas se hicieron repentinamente muy buenas amigas.

La alegre cuadrilla se embarcó en los dos botes, en los que ya se habían cargado las cosas que iban a necesitar, y ambos emprendieron a un tiempo la navegación. Laurie y Jo remaban en un bote y el señor Brooke y Ned en el otro.

Meg, sentada frente a los remeros, estaba un poco impresionada por la silenciosa y grave apariencia del señor Brooke, un joven que no dejaba de mirarla con sus hermosos ojos castaños y que, cuando hablaba, lo hacía con voz armoniosa y reposada. Ned, que había entrado en la Universidad, adoptaba aires de gran sabio, pero era alegre y simpático.

Sally Gardiner centraba su preocupación en no manchar su inadecuado traje de piqué blanco y charlaba con Fred, que parecía hallarse en todas partes y asustaba a la pobre Beth con sus locuras.

—¿Quieres dejar de dar vueltas, Fred? Vas a mancharme con tus botas —exclamó Sally, disgustada.

Cuando llegaron a Longmeadow, la tienda estaba ya instalada. Laurie, sonriente, les recibió con grandes aspavientos.

—Bienvenidos al campamento Laurence —dijo—. Les presento al señor Brooke, comandante en jefe; yo soy el comisario general; los demás jóvenes, los oficiales y ustedes, señoritas, la compañía. Y ahora, si les parece, podemos jugar un rato al críquet, antes de que haga demasiado calor.

Frank, Beth, Amy y Grace tomaron asiento para contemplar el juego de los otros ocho. El joven señor Brooke escogió a Meg, Kate y Fred, y Laurie a Sally, Jo y Ned.

El partido fue muy reñido, pero terminó con la victoria de los últimos.

—¡Llegó la hora del almuerzo! —anunció el señor Brooke, mirando su reloj—. Comisario general, encárguese de hacer fuego y traer agua. Las señoritas

March y yo pondremos la mesa. ¿Quién sabe hacer buen café?

—Jo sabe —dijo Meg, contenta de poder recomendar a su hermana.

—De acuerdo; ocúpese de vigilar la cafetera —ordenó sonriente. Después se volvió hacia los pequeños—. ¡Vamos, traed leña seca!

El mantel de alegres cuadros fue llenándose de cestillos, platos y tazas; caían bellotas en la leche y hormigas negras llegaban a participar del festín.

—¿Qué haremos cuando ya no podamos comer más? —preguntó Fred con la boca llena.

—Podríamos jugar a algo tranquilo hasta que refresque, por ejemplo, a los Autores. ¿Qué os parece?

Y mientras las tres personas mayores se sentaban aparte para charlar, el grupo comenzó a jugar.

Kate había acabado por sacar lápices y cuadernos, y comenzó a dibujar, contemplada por Meg. El señor Brooke parecía leer, pero no tenía los ojos en las líneas de su libro.

—Me gustaría saber dibujar —comentó Meg.

—¿Por qué no lo intentas? —preguntó Kate—. Es fácil aprender.

—Apenas dispongo de tiempo libre.

—Olvidaba que aquí en América los jóvenes tienen más años de estudio. Dice papá que vuestras escuelas son excelentes. ¿Es cierto?

—Sí; pero ya no asisto a ninguna; soy institutriz.

—¡Ah, vaya! —exclamó Kate, intentando disimular su decepción, lo que hizo enrojecer a Meg, que lamentaba haber sido tan sincera.

Entonces el señor Brooke levantó los ojos y dijo vivamente:

—En América, las señoritas aman la independencia tanto como la amaban nuestros abuelos, y son admiradas y respetadas si llevan a cabo un trabajo remunerado.

—¡Oh, claro! Ser útil es digno de alabanza —respondió Kate, sin dejar ver sus sentimientos.

Se había hecho una pausa que hizo sentir a Meg confusa. El señor Brooke, advirtiéndolo, intentó reanudar la conversación.

—¿Qué le pareció la traducción alemana de aquella canción, señorita March?

—Preciosa. Supongo que fue usted el traductor.

—¿Es que no sabe usted alemán? —le preguntó Kate, como si aquello fuera un terrible delito.

—No mucho; mi padre me ayudaba, pero desde que se fue no he vuelto a estudiarlo y creo que ni siquiera puedo pronunciarlo.

—¿Quiere probar conmigo? —preguntó Brooke, tendiéndole su libro—. Como verá, se trata de *María Estuardo*, de Schiller.

La muchachita comenzó a leer, lentamente al principio y con mayor facilidad después, al comprobar que no era tan difícil. Olvidada de la presencia del maestro, leía como si estuviera sola, poniendo en las palabras la trágica entonación que podía corresponder a las quejas de la infortunada reina.

—¡Lo ha hecho muy bien! Por mi parte, queda aprobada —exclamó el señor Brooke, pasando por alto sus equivocaciones y rehuyendo la severa mirada de Kate.

—Gracias, pero creo que estoy un poco torpe —reconoció Meg con sencillez.

—Le aconsejo que siga estudiando alemán —dijo Kate, con aires de superioridad—. Iré a ver qué hace Grace.

Mientras se alejaba, iba pensando que no había llegado hasta allí para cuidar de una institutriz joven y bonita. Los americanos eran muy raros. ¿Y si aquellas chicas echaban a perder a Laurie?

—Olvidé que los ingleses desprecian a las institutrices y que no suelen tratarlas como nosotros —dijo Meg, mirando con expresión algo molesta a la joven que se alejaba.

—Los profesores también encuentran dificultades allá, lo sé por experiencia. Le aseguro que América es el mejor lugar para los trabajadores, señorita Meg.

La sonrisa de Brooke era tan encantadora que la joven ya no lamentó su suerte.

—La enseñanza es una obra maravillosa —añadió él—, especialmente cuando se tiene por alumno a un joven como Laurie. Voy a sentir perderlo.

—¿Así que va por fin a la Universidad? —preguntó Meg—. No sé si puedo hacerle una pregunta... ¿qué piensa hacer usted?

—Pienso alistarme en el ejército.

—Todos los jóvenes quieren ir a la guerra, a pesar de ser tan dura. Quizá sea lo mejor para que la paz llegue cuanto antes.

—En mi caso no tiene ninguna importancia, ya que nadie sentiría mi muerte; no tengo madre, hermanos o amigos a los que pudiera afectarles.

—¡Por favor, no diga eso! Estoy segura de que el señor Laurence y Laurie... además de todas nosotras... lamentaríamos mucho que le ocurriese... algo desagradable.

—Es reconfortante oír eso, señorita Margaret.

Todavía no habían concluido su diálogo, cuando Ned Moffat apareció montado sobre un viejo caballo y dispuesto a demostrar sus habilidades ecuestres.

—¡Por favor, mucho silencio, porque debo realizar unos ejercicios y peligra la vida de un gran artista! —exclamó fanfarrón, pero simpático.

—¡Eso me recuerda que luego podremos montar un circo! —palmoteó Jo.

Todos se divertían mucho, todos, excepto Frank, inmovilizado en el mismo lugar a causa de su cojera, y Beth, silenciosa por la tenaza de su timidez. Pero al fin ambos se juntaron y la niña, para alegrar al pobre muchacho, empezó a hablarle de todas las cosas de chicos que había leído en los libros de Jo.

—Nunca he visto a Frank reír tan a gusto —comentó Kate, admirada.

El regreso fue muy alegre, con todos cantando a voz en grito. Entre canción y canción, Ned estuvo haciéndole la corte a Meg.

Al despedirse, con las sombras de la noche sobre ellos, Kate reconoció que las muchachas americanas eran muy agradables cuando se las trataba, y el señor Brooke asintió convencido.

Capítulo IX

El estupendo secreto de Jo

El verano había quedado atrás y llegó octubre con sus días frescos y tristones. Para Jo el otoño se iniciaba con una gran avalancha de proyectos literarios. Se levantaba dos horas antes que sus hermanas y subía al desván con sus cuartillas. Acomodada en el sofá, escribía sobre un baúl apolillado.

A veces Jo dejaba de escribir y se dedicaba a hablarle a su propia imagen, reflejada en un borroso espejo al que le faltaba un trozo. Nadie sabía nada de sus planes, pero encontraban muy extraño que permaneciese tanto tiempo como ausente... Naturalmente, empezaron a preocuparse.

Aquella tarde, Jo regresó apresuradamente de casa de tía March y, procurando que nadie la viera, corrió al desván. Al momento extraía de una vieja lata de hierro oxidado un montón de cuartillas y empezaba a recorrerlas apresuradamente con la vista, añadiendo algunas comas, tras pensarlo un poco.

Lo último que hizo fue firmar el manuscrito.

—Espero tener suerte... —murmuró en medio de un largo suspiro—. Creo que es lo mejor que he hecho hasta ahora, pero quizá tampoco resulte. Pronto vamos a verlo...

Se puso nuevamente el abrigo y, por la ventana trasera, salió al tejadillo, desde donde fue descolgándose hasta encontrarse sobre el césped.

Se dirigió hacia el centro de la ciudad y, nada más descender del ómnibus, consultó la dirección que tenía apuntada en la tarjeta que guardaba en el bolsillo. Ya no se detuvo hasta entrar en un portal. Con la misma prisa comenzó a subir escaleras. Y de pronto, dominada por el pánico, se hizo atrás. Sin embargo, reanimándose, entró de nuevo en la casa y atacó las escaleras, recomendándose calma mientras empuñaba el llamador de una puerta.

Un joven de ojos negros, que había contemplado las maniobras de Jo desde una ventana enfrente de la calle, se caló el sombrero y salió a su vez. Miró la placa del portal en el que entraba Jo y en la que se leía: «Dentista». El joven se dijo:

«¡Pobre chica! Ahora comprendo sus vacilaciones y su modo de decidirse a entrar a toda velocidad. Seguro que va a necesitarme cuando salga».

El joven no era otro que Laurie y la casa desde la que contemplaba la aventura de Jo, el casino al que solía acudir de tarde en tarde para jugar un rato al billar.

Al poco tiempo, la muchacha aparecía en la calle, con la expresión atormentada y el rostro congestionado.

—¿Una terrible prueba, eh? —comentó el muchacho—. ¿Lo pasaste muy mal?

—No mucho —replicó ella con sorpresa.

—Has acabado muy pronto.

—¡Sí, gracias a Dios!

—¿Por qué no te ha acompañado alguien?

—No quería que se enterase nadie.

—Eres la muchacha más rara que he visto en mi vida. ¿Cuántas te han sacado?

Jo miró a su amigo como si no le comprendiera y de pronto se echó a reír, divertida con la pregunta.

—Hay dos que quiero que salgan, pero tengo que esperar una semana.

—¿De qué te ríes? —dijo Laurie, sorprendido—. Tú te traes algo entre manos.

—Y tú también. ¿Se puede saber qué hacías en esa sala de billar?

—Señorita, también existe ahí un gimnasio y he tomado mi lección de esgrima antes de darle al taco un ratito.

—Lo último me parece tonto, pero encuentro bien lo de la esgrima. Así podrás representar el papel de espadachín en alguna de nuestras comedias.

—Bien, bien, pero no cambies de conversación. ¿Así que no has estado en el dentista?

Habían renunciado a tomar un ómnibus y regresaban a casa caminando.

—Estás muriéndote de curiosidad, Laurie, reconócelo —dijo Jo, en medio de un ataque de risa—. En fin, no tendré más remedio que contarte todo en secreto.

—¿Secreto?

Laurie ya no podía esperar un segundo más y se detuvo ante ella:

—Señorita Josephine, los secretos no me gustan nada y su misteriosa conducta me parece muy mal. Vamos, explíquese; lo exijo.

—Estás volviéndote un antipático, Laurie. Te contaré mi secreto a cambio de alguno tuyo y sin exigencias.

—¡Trato hecho!

—Pues bien: acabo de entregar dos cuentos míos a un periodista que me ha prometido leerlos y publicarlos si los considera buenos.

—¡Magnífico, Jo! Es una noticia bomba. Tendré que ir pensando en hacerte un homenaje.

—No hagas planes por anticipado, porque traen mala suerte.

—No nos llevaremos ningún chasco, ya que tus historias son obras de Shakespeare, comparadas con las tonterías que se escriben ahora. ¡Viva la señorita March, la célebre autora!

Chispitas de ilusión brotaban de los ojos de Jo. ¡Era estupendo que alguien tuviera fe en ella!

Pasaron unos segundos antes de que Jo pudiera decir:

—Me debes un secreto...

—Y te lo has ganado. Ahí va. ¡Sé dónde está el guante que le falta a Meg!

—¡Valiente cosa! ¿Eso es todo?

—Es bastante y tú pensarás lo mismo cuando te diga dónde está ese guante.

Laurie se inclinó y tres palabras fueron susurradas al oído de Jo, a quien produjeron un efecto de lo más sorprendente. Se paró en seco y, mirándole detenidamente, entre asombrada y contrariada, preguntó:

—¿Cómo lo sabes?

—Lo he visto.

—¿Dónde?

—En su bolsillo.

—Pero... ¿todo este tiempo?

—Sí. Es muy romántico, ¿verdad?

—No; es ridículo y no me gusta. ¿Qué dirá Meg? Será mejor que siga ignorándolo... Tú no se lo dirás, ¡ea! —contestó la muchacha enfadada.

Jo se quedó pensativa durante unos instantes. ¿Y si a su hermana le ilusionaba que un joven la tuviera constantemente en el pensamiento, como demostraba el guante de Meg que él llevaba en el bolsillo? Le parecía horrible dejar de ser niña y, muy especialmente, que alguien quisiera llevarse a su hermana.

—Preferiría no haberlo sabido, Laurie... Ahora me siento inquieta al pensar en el futuro de mi hermana.

—No te gusta la idea de que un día Meg emprenda el vuelo por su cuenta, ¿verdad?

—Me parece horrible. Alguien tendrá que entendérselas conmigo.

Parecía tan enfadada que Laurie propuso conciliador:

—¡Hagamos una carrera cuesta abajo hasta el primer farol! ¿Lista?

Era una tentación demasiado fuerte para Jo y se lanzó a la carrera, perdiendo al comienzo de ésta el sombrero y una peineta. A pesar de todo, el ganador fue su compañero.

—Quisiera convertirme en un caballo para poder correr leguas y leguas sin perder el aliento. Anda, Laurie, sé bueno y ve a recoger mis cosas.

Mientras el muchacho obedecía, Jo empezó a arreglar a toda velocidad sus deshechas trenzas. Y en aquel momento Meg pasó a su lado, seria y con su traje de gala porque venía de hacer visitas. Al verla, se detuvo sorprendida.

—¿Qué estás haciendo aquí? —preguntó con desaprobación a su desmelenada hermana.

—Recogiendo hojas —replicó Jo.

—Y horquillas —añadió Laurie, poniendo media docena en manos de su amiga.

Meg manifestó su enfado, reprobando a Jo su comportamiento de chiquilla. Aquellas graves palabras confirmaron a la segunda de las March que su hermana estaba haciéndose mujer a pasos agigantados. Venciendo su tristeza, preguntó:

—¿De dónde vienes tan elegante, Meg?

—De casa de los Gardiner; Sally tenía verdadero empeño en contarme todo lo referente a la boda de Belle Moffat.

—Por lo que veo, también te interesaba a ti —barbotó la ceñuda Jo.

—Y no lo niego. ¿Qué? ¿Vamos a casa?

Durante todo el día, sin darse cuenta, Jo estuvo metiéndose con su hermana mayor de una forma tan extraña que hasta las pequeñas se mostraban sorprendidas. Salía precipitadamente a la puerta cuando observaba la llegada del cartero, y trataba de lo más descortésmente al señor Brooke siempre que se tropezaba con él, y a veces se quedaba durante mucho tiempo contemplando a Meg con expresión dolorida y fatalista.

Una tarde, casi dos semanas después de la misteriosa salida de Jo, Amy comentó con un largo suspiro:

—Nunca lograremos corregir a Jo y hacer que se comporte como una verdadera señorita. ¿Habéis visto cómo ha escapado al encuentro de Laurie?

—No tiene nada de malo —la defendió Beth—. Quizá convertida en una señorita no fuera ya tan simpática.

Jo estaba de regreso unos minutos después y, tras tumbarse en el sofá, se puso a leer un periódico.

—¿Tan interesante es eso que lees? —le preguntó Meg.

—Se trata de un cuento publicado aquí, pero hasta ahora no parece que valga gran cosa —respondió Jo.

—Leélo en voz alta y decidiremos —le pidió Amy.

—Se titula «Los pintores rivales».

Jo comenzó la lectura sin lograr disimular su emoción. Era un cuento romántico y algo patético, ya que al final morían casi todos los personajes.

—¡Qué triste! —comentó Amy—. Pero me gusta porque es estremecedor y la protagonista tiene los ojos azules.

—Yo prefiero la parte amorosa —intervino Meg.

Y Beth, que intuía algo raro en la lectora, inquirió:

—¿Quién es el autor?

—Vuestra hermana.

—¿Tuyo? —A Meg se le resbaló la costura de la mano.

Apresuradamente se había levantado para comprobarlo. Beth, sin dejar de llorar a lágrima viva, repetía:

—¡Lo sabía! ¡Lo sabía! ¡Ah, qué orgullosa estoy de ti!

—Es una gran obra —aseguró Amy con terrible firmeza.

¡Qué alegres estaban todas! Aquel «Josephine March» estampado al pie del cuento las tenía fuera de sí. Meg dijo que inmediatamente debían enviar el periódico por correo para que lo viera su padre y Amy se enfrascó en una benévola crítica del cuento. Por último, dijo:

—Debes de ser riquísima, Jo. Dinos cuánto te han pagado.

—No me han pagado nada, chicas. Los principiantes no cobran, pero se sienten felices de que les abran la puerta de la fama.

—No me parece nada gracioso eso de la fama gratuita, si he de serte sincera —opinó Amy, terriblemente práctica.

—Pero ese periodista me dijo que, si los cuentos gustaban, me publicaría más, y que entonces ya hablaríamos de dinero.

—Que van a gustar ni lo dudes —aseguró Meg.

—Estoy muy contenta —dijo Jo, tratando inútilmente de contener sus lágrimas—. Tal vez consiga ganarme la vida escribiendo y entonces podré ayudaros a todas.

Capítulo X

Malas noticias

Se había presentado noviembre. Mirando a través de la ventana del jardín, quemado ya por el hielo, Meg dijo que era el mes más desagradable del año.

—Por eso nací yo en noviembre —observó Jo, que tenía una mancha de tinta en la nariz.

—Si ahora sucediese algo agradable, nos parecería un mes encantador —decidió Beth.

—¡Atención! —anunció de pronto Meg—. Van a ocurrir inmediatamente dos cosas agradables: mamá está llegando a casa y Laurie atraviesa en estos momentos el jardín. Iré a abrirles la puerta.

Entraron los dos a un tiempo, charlando animadamente.

—¿Ha habido carta de papá? —preguntó ansiosamente la señora March.

Recibió una negativa, pero supo contenerse. Laurie preguntó a las chicas si les gustaría dar un paseo en coche.

Iban a responder afirmativamente, cuando sonó un fuerte campanillazo en la puerta.

—Tal vez sea el cartero —observó la señora March, cuando ya Hannah recogía, con gesto receloso, un sobrecito azul que le entregaba un muchacho detenido en el umbral.

—Es un telegrama, señora —dijo.

—¡Dámelo enseguida! —repuso la señora March, tomando el sobre y empezando a rasgarlo con sus nerviosos dedos.

Tras leer las dos líneas que contenía, cayó en una butaca, tan blanca como si se hubiera quedado sin vida.

Jo recogió el papel azul, mientras los demás atendían a su madre, y leyó en voz alta:

«El señor March está enfermo de gravedad. Venga enseguida. Hospital Blanco, Washington.

S. HALE».

Era tan inesperada la noticia, tan terrible, que ni siquiera podían llorar.

Hannah corrió en busca de agua para la señora March y Laurie se hizo cargo de la situación, tratando de serenar los ánimos de las mujeres.

—¿Quiere que telegrafíe respondiendo que va usted enseguida? —preguntó el muchacho.

—Sí, por favor; tomaré el primer tren que salga por la mañana.

—Tendré el coche listo, señora March.

En cuanto Laurie se marchó, la señora March empezó a escribir una notita para la anciana tía, y Jo pensó que en ella su madre pediría prestado dinero para hacer aquel viaje. Luego ordenó a Beth ir a casa del señor Laurence y solicitar de él dos botellas de vino añejo para llevárselas a su marido.

Poco tiempo después, el señor Laurence acudía con Beth, llevando cuantas cosas suponía útiles para la viajera y el enfermo. Incluso se ofreció a acompañarla en el viaje.

—No, eso no, amigo mío; sería muy fatigoso para usted.

Cosa curiosa, el caballero se marchó pronto con el rostro sereno. Y poco después, cuando Meg cruzaba el vestíbulo llevando las zapatillas de su madre en una mano y una taza de té en la otra, se encontró con el señor Brooke.

—Siento mucho que hayan recibido tan malas noticias, señorita Margaret. Vengo para acompañar a su madre a Washington. Tengo que hacer allí unos encargos y el señor Laurence me ha pedido que haga cuanto pueda por sus padres.

A Meg se le cayeron las zapatillas y la taza no fue al suelo porque él acudió con presteza a quitársela de las manos.

—¿Es posible que sean tan buenos con nosotras? Vamos a sentirnos muy aliviadas sabiendo que mamá le tiene a usted... Muchas gracias, señor Brooke.

La tarde iba pasando y los preparativos estaban ultimados.

—¿Dónde está Jo? —preguntó de pronto Beth.

La buscaron por toda la casa, pero no estaba. Laurie se tropezó con ella en la misma puerta. Traía una expresión extraña en la cara que dejó a la familia tan perpleja como el manojo de billetes que puso ante su madre.

—Esto es para ayudar a traer a papá —dijo entrecortada.

—Pero hija mía, ¿de dónde has sacado esto? ¡Veinticinco dólares! Jo, espero que no hayas cometido ninguna imprudencia.

—No; lo obtuve honradamente y no lo he robado ni mendigado. Me he limitado a vender lo que era mío.

Al decir esto, Jo se quitó el sombrero y vieron con asombro que su abundante cabellera había sido cortada.

—¡Jo! ¡Tu cabello! ¡Tu hermoso cabello! ¿Cómo has podido hacerlo? Precisamente tu mayor encanto..., no era necesario ese sacrificio —susurró la señora March.

Beth la abrazó tiernamente sin decir palabra.

—Esto no afecta a la suerte de la nación —trató de bromear Jo—. Además, iba sintiéndome demasiado orgullosa de mi cabello y ahora me siento ligera y fresca.

Meg la abrazó, consciente del enorme sacrificio que había realizado, animándola con la idea de que su cabello crecería pronto y más hermoso que antes.

—¿Cómo se te ocurrió? —preguntó Amy, reconociendo que ella se hubiera dejado cortar la cabeza antes que el cabello.

—¡Se me ocurrió enseguida! Papá puede necesitarlo y aborrezco pedir prestado. Sabía que tía March gruñiría. Y yo había visto en el escaparate de una peluquería una trenza con su precio. Era más larga que la mía, pero no tan gruesa.

Aquella noche, a pesar de su aflicción, Amy y Beth se durmieron pronto. Por el contrario, Meg, en la oscuridad, pensaba en su padre, en su enfermedad y soledad, en lo mucho que lo necesitaban. Y de pronto sintió llorar a Jo.

—¿Lloras por papá? —preguntó bajito.

—No, no..., ¡es por mi cabello, Meg!

Apretaba la boca contra la almohada, para contener los sollozos y Meg la abrazó con cariño.

—No es que lo sienta —protestó Jo con voz entrecortada—. Volvería a hacer lo mismo mañana. Es la parte egoísta de mi ser la que se pone a llorar de esta manera. ¿Por qué estás despierta todavía?

—Estaba demasiado preocupada para dormir.

—Piensa en cosas hermosas y te dormirás; por ejemplo, en caras.

—Mejor en ojos. Me gustan cuando son castaños y profundos... también los azules son bonitos.

Jo rió un poquito y Meg prometió rizarle el cabello al día siguiente.

Por la mañana las muchachas se despertaron temprano.

Trataban de mostrarse optimistas, pero los momentos eran dramáticos y, al llegar la hora de las despedidas, no pudieron evitar el llanto.

—Hijas mías, os dejo al cuidado de Hannah y bajo la protección del señor Laurence. Manteneos siempre ocupadas y sed valerosas.

El ruido del coche al acercarse acabó con las observaciones.

Corrieron a la puerta donde ya estaban el señor Brooke y Laurie. El primero ayudó a la señora March a subir al carruaje y luego tomó asiento frente a ella. Tal aire de comprensión y bondad mostraban sus ojos que la antipatía de Jo cedió un tanto y hasta le dio el sobrenombre de Intrépido Paladín.

El coche comenzó a alejarse, pero nadie lloró. El señor Laurence había pedido a su nieto que dejara a las muchachas solas en aquellos momentos y el muchacho se dispuso a obedecer, prometiendo que más tarde iría a verlas.

Capítulo XI

ESPÍRITU FIRME EN LA ADVERSIDAD

Los días siguientes fueron largos y tristes; la vieja casa parecía más destartalada y fría que nunca. Pero, eso sí, podían soportarlo gracias al cariño y el profundo espíritu de generosidad y ayuda que rodeaba a las March.

Una semana más tarde llegaban de Washington noticias esperanzadoras.

El señor Brooke escribía diariamente dándoles pormenores de la enfermedad del señor March y el estado de ánimo de su madre.

En todas sus cartas, la señora March encargaba a sus hijas que no olvidasen a los Hummel, la familia a la que protegían desde las pasadas Navidades. Por eso Beth, cada mañana, les hacía una visita. Un día regresó muy preocupada.

—Meg, deberías ir tú a casa de los Hummel; el niño pequeño está malo y yo no sé qué hacer. Lotchen, la mayor, lo cuida cuando su madre sale a trabajar, pero estaría más tranquila si fueras a dar una vuelta.

—Será algo sin importancia. Los bebés tienen trastornos con frecuencia.

—¿No podrías ir tú, Jo? —suplicó Beth.

—Laurie va a llegar a buscarme de un momento a otro. Quiere que le acompañe a una conferencia.

Beth, en silencio, estuvo haciendo sus problemas de aritmética, pero se sentía intranquila, y decidió acercarse a ver al enfermo.

Beth regresó tarde, con la mirada apagada y el paso cansino. Al rato Jo la encontró sentada junto al botiquín y con un frasco de alcanfor entre las manos.

—¿Qué haces aquí? —preguntó Jo, presintiendo algo insólito.

—Si no has pasado la escarlatina, no te acerques a mí.

—¿Qué tonterías estás diciendo? Meg y yo la pasamos siendo muy pequeñas.

—Entonces, si has pasado la escarlatina, te contaré la verdad. ¡Oh, Jo, el niño ha muerto! Se murió aferrado a mi falda antes de que su madre llegara a casa. ¡Fue espantoso!

Jo la abrazó sintiendo unos terribles remordimientos y repitiendo que debía haber ido ella.

—Me di cuenta de que estaba muerto y seguí con él en los brazos hasta que su madre regresó con el médico. Lotchen estaba aterrada y no quería acercarse a nosotros. El doctor Black dijo que el niño había muerto de escarlatina y que debieron haberle avisado antes. Y ella, la madre, no hacía más que llorar, sin decir que no había ido antes en su busca

porque no tenía dinero suficiente para pagarle. A mí me dijo que me viniera a casa y tomara belladona, porque de lo contrario cogería la escarlatina.

—Eso no puede ocurrir, querida mía, la culpable sería yo...

—¡Pero, Jo, si ninguna sabíamos que estaba tan grave! Además, he leído el libro que tiene mamá y dice que tomando belladona no da tan fuerte.

Jo, en ascuas, le preguntó si le dolía la garganta y la cabeza, y si experimentaba sensación de malestar.

—Hace un rato sí, pcro ahora estoy mejor.

Sin perder un instante más, Jo fue en busca de Hannah, que sabía mucho de enfermedades. Lo primero que dijo la vieja sirvienta fue:

—No dejes que Amy se acerque a Beth, porque podría contagiarse. Avisaremos al doctor inmediatamente y enviaremos a tu hermana a casa de tía March.

No era fácil convencer a Amy. Repetía con obstinación que prefería pasar la escarlatina a irse a vivir con tía March.

Por suerte, llegó Laurie y supo lo ocurrido.

—Mira, vas a ser una niña razonable y te vas a ir a casa de tu tía, como tus hermanas desean. Para que no te aburras, iré todos los días a buscarte y podremos pasear en coche o a pie. Nos divertiremos mucho, ya verás. Ya sé que no quieres abandonar a Beth cuando supones que te necesita tanto, pero los demás te queremos y no deseamos enfermedades para ti, que eres la princesita de todos.

Meg, que había escuchado la última parte del discurso, protestó impaciente:

—Laurie, estás mimando demasiado a Amy, cuando ya está bastante consentida sin necesidad de ello.

—Si la pobrecita se aburre en casa del ogro, es justo que vaya a distraerla —se defendió Laurie—. Y además llevaré a *Puck*, que también quiere mucho a nuestra pequeña.

Puck era el perro de los Laurence.

Llegó el doctor Black y, tras reconocer a Beth, declaró que parecía tener un principio de escarlatina, pero benigna. En cuanto a Amy, no sólo aprobó el que se la alejara, sino que sus órdenes fueron tajantes.

La menor de los March, gimiendo entre Jo y Laurie, salía poco después de su casa.

—¿Qué os trae por aquí? ¿Es que no voy a librarme nunca de vosotros? —chilló la desagradable anciana—. ¡Fuera chiquillos! Sabes que no me gustan, Jo.

Ésta le contó lo ocurrido, mientras Laurie se retiraba discretamente hacia una ventana.

—Deja ya de hipar, chiquilla —rezongó la señora, tras escuchar a Jo—. Espero que me seas de alguna utilidad en ausencia de tu hermana. En cuanto a usted, jovencito, aguardo que venga por aquí a menudo. Por cierto, ¿cómo está vuestro padre?

—Mamá dice en su última carta que mucho mejor.

—¿De veras? No durará mucho. March nunca tuvo mucha correa.

Pasaron dos días, durante los cuales Beth empeoró.

Sus hermanas no llegaban a darse cuenta de su gravedad, pero sí Hannah. Cuando el médico salía de visitarla, dijo a la anciana sirvienta:

—La fiebre puede que ceda pronto, pero me preocupa esa muchacha porque tiene una constitución muy débil.

—¿Cree que deberíamos avisar a la señora March? —preguntó Hannah, con la preocupación retratada en el semblante.

—No quisiera alarmarla sin motivo, así que esperaremos hasta mañana —repuso el doctor.

Las horas siguientes fueron muy penosas, pues Beth estuvo delirando continuamente y no reconocía a nadie.

—Tendremos que escribir a mamá —dijo Meg a su hermana.

Sin embargo, no llegaron a hacerlo, porque aquel día recibieron una carta de ella en la que comunicaba que el señor March había sufrido una recaída y de momento ignoraba cuándo podría regresar.

El lechero, el carnicero, el tendero y el cartero, todos cuantos conocían a Beth preguntaban por ella continuamente y la pobre señora Hummel fue a casa de los March para pedir perdón por su descuido.

El señor Laurence estaba abrumado, pero las hermanas mayores no querían permitir que permaneciese junto a la enferma por las consecuencias que pudiera tener.

El doctor Black iba dos veces al día a visitar a la enferma y los secretos ya no servían. Todas en la casa sabían de su extraña gravedad. La única ignorante del peligro que corría su hermana era Amy. Por vez primera en su vida comprendía el cariño y la tolerancia de su familia. La tía March no era una persona afectuosa y, a pesar de que estaba tomándole cariño a aquella niña rubia y silenciosa, a pesar de que le parecía la criatura más graciosa y encantadora del mundo, no se lo demostraba.

Cada mañana Amy debía lavar las tazas del desayuno y sacar brillo a los cubiertos, los vasos y la pesada tetera, hasta dejarlos relucientes. Después arreglaba su habitación y le daba de comer al loro, que aún seguía resultándole antipático. También tenía que peinar al perrito de lanas. Continuamente subía y bajaba las escaleras, transmitiendo a la doncella las órdenes de su tía o cumpliendo sus encargos, ya que rara vez ésta abandonaba su sillón. Después estudiaba, y el resto del tiempo lo tenía libre.

¡Qué maravilloso era ver aparecer a Laurie y pasear con él por los lugares más deliciosos de la ciudad!

—Nunca hasta ahora me había dado cuenta de lo egoísta que he sido con mis hermanas —le confesó un día al muchacho, después de haber estado jugando con él—. En adelante, tras esta temporada con la tía, los trabajos de mi casa me parecerán un entretenimiento. ¡Pobre Beth! Ella sí que es trabajadora. ¿Cuándo podré volver a casa, Laurie?

—Bueno, todavía tendrás que esperar un par de semanas, pero le transmitiré a Beth tus buenos deseos.

—Cuando llegue, quiero darles una sorpresa y que vean lo mucho que he cambiado en este tiempo.

Estoy pensando que ha sido bueno para mí venir a vivir con tía March.

El primer día de diciembre, en medio de un viento helado, el doctor Black llegó a casa de las March. Meg, que había dejado de acudir a sus clases por temor a contagiar a los King, examinaba su rostro mientras él auscultaba a la enfermita.

—Está peor, ¿verdad? —preguntó con el corazón encogido de angustia al salir del dormitorio.

—Creo que sí. Puede que la enfermedad haga crisis, después de haberse mantenido estacionaria durante unos días. Creo que debemos avisar hoy mismo a la señora March.

—¿Es que teme lo peor? —preguntó la joven, llevándose la mano a los labios.

—Es mejor que su madre lo sepa. Podría reprocharnos el haberla mantenido en la ignorancia.

Entonces Jo, que había llegado silenciosamente, se volvió a poner el abrigo y se fue corriendo dispuesta a poner el telegrama. Al igual que su hermana, sentía como si el cielo se hubiera desplomado sobre su cabeza.

Al volver a su casa, algún tiempo después, Laurie, a la carrera, se unió a ella. Meg también se acercó. El muchacho les entregó una carta, diciendo:

—Es de Washington; acaban de entregármela. ¿De dónde vienes tan alterada?

—De telegrafiar a mamá. Beth está peor. No nos conoce ni pregunta por sus gatitos. ¡Es espantoso!

Venciendo su emoción, rasgó el sobre y empezó a recorrer apresuradamente las líneas apretadas. Por fin, murmuró con alivio:

—¡Menos mal! Papá ha vuelto a mejorar... Pero Beth se nos muere, Laurie, se nos muere...

Ella, la animosa Jo, rompió en sollozos y Laurie, sin saber qué decirle, le apretó la mano y empezó a acariciar aquella cabecita de cabellos cortísimos, con un nudo en la garganta.

—Estás cansada, Jo, y eso te hace ver las cosas completamente negras —dijo suavemente el muchacho—. Y ahora voy a revelarte un secreto: ayer telegrafié al señor Brooke para que pusiera a tu madre al corriente de lo ocurrido. Me pareció que debía saberlo, de modo que estará aquí un día antes de lo que imagináis.

—¡Laurie! ¡Eres un ángel! ¿Cómo podré agradecértelo?

Hannah protestó porque el joven vecino se hubiera tomado la libertad de llamar a su señora y dijo que era un entrometido. La guiaba el pensamiento de evitar más quebrantos a la señora March, sin entender que nunca a una madre le agrada ser engañada en casos como éste.

Capítulo XII

Lágrimas, sonrisas y confidencias

Laurie regresó a casa de su abuelo, pero no tardó en volver a la de la familia March con un telegrama en la mano:

—¡Meg, Jo! ¡Noticias! Tengo aquí un telegrama de Brooke en el que me dice que emprenden el regreso hoy mismo. Llegará con tu madre a las dos de la madrugada.

—¡Gracias a Dios!

—Me acercaré con el coche a buscarlos a la estación —prometió.

Todo parecía más alegre desde aquel momento. Las miradas de Meg y Jo resplandecieron en las horas siguientes, a pesar de la gravedad de Beth. En toda la tarde no descendió la fiebre y, sumida en un profundo sopor, abría de vez en cuando sus grandes ojos y pedía agua con la mirada extraviada.

La nieve seguía cayendo mansamente... ¿Se produciría a medianoche el cambio en la enferma anunciado por el doctor? Habían quedado en avisarle si la niña empeoraba y dudaban de si el momento había llegado o debían aguardar. Y mientras las tres mujeres rezaban en silencio, en el salón, el señor Laurence y su nieto aguardaban conteniendo su nerviosismo.

—Hannah, ve a acostarte; estás agotada —susurró Meg.

—Ya nos quedamos nosotras —intervino Jo—. Por lo menos acuéstate en el sofá.

La pobre mujer acabó por acceder y Jo la cubrió con una manta. Laurie había marchado a la estación y Jo, junto a la ventana, pensaba en el desolado aspecto que ofrecía el mundo, dormido y quieto bajo aquella sábana de nieve. De pronto, sintió que algo se movía a su espalda.

Al volverse rápidamente, divisó a Meg, arrodillada ante la cama, con el rostro entre las manos, sacudida por los sollozos. Le recorrió el cuerpo un escalofrío y luego se sintió como vacía. ¡Beth debía de haber muerto!

De puntillas, temerosa, fue acercándose al lecho. La fiebre y el dolor habían desaparecido de aquel rostro tan querido y una palidez serena y dulce había sustituido el rojo febril de los labios. Inclinándose sobre la niña, musitó sin lágrimas:

—Adiós, pequeña mía.

Tales palabras despertaron a Hannah. Sobresaltada, corrió hacia el lecho. Miró a Beth, tomó sus manos y puso el oído junto a sus labios.

Pero se enderezó pronto y murmuró temblorosa:

—¡Gracias a Dios! La fiebre ha cedido y duerme tranquilamente.

Meg, con asombro, alzó la cabeza. Como Jo, no sabía si reír o llorar. En aquel momento, sintieron la campanilla de la puerta. Era el doctor Black.

—¿Cómo sigue? —preguntó cuando las muchachas se adelantaron a recibirlo—. Estaba tan preocupado que he decidido venir antes de acostarme.

—Por favor..., véalo usted mismo —replicó Jo, sin creer todavía en la mejoría de su hermanita.

El doctor auscultó a la niña y confirmó la mejoría.

—Silencio... —susurró—. Creo que se salvará, pero dejémosla descansar.

Entonces Meg y Jo salieron al pasillo, tomaron asiento en la escalera y se abrazaron con emoción.

—Bajad al salón —dijo Hannah a media voz—. Allí estaréis más calientes y podréis dormir un poco. Yo me quedaré con la niña.

Nada más entrar, distinguieron la alta figura del señor Laurence, en cuya expresión podía leerse la más viva alegría. Abrazó a las dos jóvenes a un tiempo y las condujo después junto al fuego.

Sin embargo, las inquietudes no habían terminado.

La mejoría de Beth podía ser momentánea y la señora March ya debería estar allí. Ninguno hacía comentarios, pero todos miraban frecuentemente hacia el reloj.

Entonces Meg, que se había puesto imprevistamente en pie, aguzando el oído, exclamó:

—¡Calla! Creo haber sentido algo...

—¡Ruido de campanillas en la puerta principal! —exclamó el señor Laurence—. Creo que ha llegado el momento de recibir a vuestra madre.

Instantes después, la voz de Laurie sonaba en el glorioso amanecer:

—¡Niñas, os traigo a la señora March!

Se sucedieron momentos inolvidables. Abrazos, frases entrecortadas; las primeras, para dar cuenta de la mejoría de Beth y, luego, para indagar por el estado del padre...

Lo primero que Beth vio, al abrir los ojos, fue el querido rostro de su madre. Como si aquella realidad fuese otro dulce soñar, extendió su manita con una sonrisa en los labios. La señora March la besó sin apenas rozarla y la niña pronto volvió a dormirse.

—Ahora os toca a vosotras. Id a descansar, hijas mías.

—Queremos estar contigo y que nos cuentes cosas de papá —dijo Jo, acurrucándose junto a las rodillas de su madre mientras Meg la imitaba, olvidando las dos su cansancio.

Empezaron las confidencias en voz apenas audible.

Sí, fueron horas terribles y también maravillosas, plenas de sensaciones violentas. Algo así como si, en una sola jornada, vivieran condensados años y años.

Por fin, rendidas, Meg y Jo se acostaron, mientras Hannah cabeceaba en el sillón. La señora March, dominando su fatiga, tomó asiento junto a la cama de Beth y, a lo largo de varias horas, no cesó de mirar su desvalida carita...

Capítulo XIII

Cuando ronda el amor...

Silbando una cancioncilla, Laurie fue en busca de Amy a la hora acostumbrada. Aquél era un día diferente y estaba contento. Había tomado una decisión: contar la verdad a la anciana señora de cuanto le había ocurrido a la niña. Fue tan expresivo que, cosa rara, casi hizo llorar a tía March.

—¡Dios mío, Dios mío! ¡Quién lo había de haber dicho! ¡Todo eso es terrible! —repetía.

Amy, aunque estuvo llorando mientras escuchaba las desventuras de su familia, ya pasadas, se portó maravillosamente, y hasta el loro se guardó aquel día sus comentarios de mal gusto. Sólo al final, llamó a Amy «Buena niña», repitiendo: «Sal de paseo, querida».

Amy hubiera seguido con gusto el consejo, pero advirtió que su amigo se caía de sueño.

—Laurie —dijo—. ¿Por qué no te acuestas un rato en el sofá mientras escribo a mamá? Tu cara denota cansancio.

Laurie aceptó el consejo y Amy subió a su habitación para escribir la carta.

Al regresar con ella en la mano, encontró al muchacho completamente dormido y advirtió que la tía March había corrido las cortinas y permanecía sentada sin hacer movimiento alguno por temor a despertarle.

Muy despacito, sin ruido, tomó asiento en otra butaca. Pasaba el tiempo y tanto la tía como la sobrina empezaron a temerse que Laurie no despertara en todo el día.

Cuando menos lo esperaban, apareció en la casa una visita que a la niña le pareció maravillosa.

—¡Mamá! ¡Mamá! —gritó sin poder contenerse.

Tía March sonreía sin ninguna acidez y el muchacho despertó y, de un brinco, se puso en pie.

Laurie, tras saludar a la señora March, ofreció el brazo a la anciana a un gesto de ésta y ambos salieron de la habitación. Madre e hija se habían quedado solas. Amy, sentada en el regazo de aquélla, fue contándole sus penas y sus alegrías, hasta terminar confesando:

—Soy mucho más egoísta de lo que podía comprender, mamá: he decidido corregirme porque deseo parecerme a Beth, que es tan generosa. A ella no le importa nunca sacrificarse por los demás y yo, en cambio, molesto a todo el mundo con mis caprichos y exigencias. Es lógico que nadie me quiera tanto como a ella.

—Quizá exageras un poco.

—Es tu bondad la que habla así. ¿Crees que alguien podría preocuparse tanto por mí si estuviera enferma? ¡Pues claro que no! Y tampoco lo merezco. Eso sí, te aseguro que, después de todo esto, he dejado de ser la niña mimada que todos conocíais.

Había sido un discurso tan largo y completo, tan convincente el tono de persona mayor de su hija que la señora March no pudo evitar una sonrisa de aprobación.

—No sabes cómo me alegra que sepas ver tus propios defectos con tanta valentía. Estoy segura de que vas a conseguir grandes cosas si no flaqueas en tu decisión. Esfuérzate mucho y piensa que sólo con tu deseo de ser mejor ya tienes ganada la mitad de la batalla.

—Cuando esté en casa comprenderás lo que he decidido.

—Empieza a practicar desde este momento y así te será más fácil. —Se levantó y, apretándola contra sí, dijo—: Tengo que volver junto a Beth, querida mía, pero confío en que muy pronto estarás de nuevo con nosotras.

Aquella tarde, mientras Meg escribía a su padre para darle noticias del viaje y la llegada de su madre, Jo entraba silenciosamente en el dormitorio de Beth. Su madre estaba sentada junto a la ventana y empezó a retorcerse el cabello con cierta indecisión.

—¿Sucede algo, Jo? —preguntó la señora March.

—Me preocupa una cosa y creo que debo contártela.

—¿Acerca de Meg?

—¡Cómo! ¿Lo has adivinado? Sí, se trata de ella y, aunque es una tontería, me molesta. Verás, este verano Meg olvidó sus guantes en casa del señor Laurence.

—Sí, y recuerdo que no apareció más que uno en el buzón de correos —dijo la señora March para animar a su hija.

—Sí. Entonces no le dimos importancia, pero más tarde supe por Laurie que el señor Brooke guardaba el otro guante en el bolsillo. Laurie lo vio un día al caérsele y, como se burlaba un poco, Brooke, muy serio, le confesó que amaba a Meg, pero que era muy pobre para decírselo y ella demasiado joven para escucharle. ¿No es una situación terrible?

—¿Crees que Meg se interesa también por él? —preguntó la señora March con mirada ansiosa.

—¡Ay de mí! Yo no entiendo de amor y de todas esas tonterías —respondió Jo, con una cómica mezcla de interés y desprecio—. Según las novelas, a las muchachas se les nota en que se ruborizan, se desmayan, adelgazan y todas esas tonterías. Sin embargo, a Meg no le ocurre nada de eso; come, bebe y duerme como una persona sana; me mira frente a frente cuando hablo del señor Brooke y sólo se ruboriza un poco cuando Laurie se burla de los novios. Le prohibí que lo hiciera, pero no me hace caso.

—Entonces, ¿crees que Meg no está interesada en John? —preguntó la señora March.

—¿Por quién? —la extrañeza hizo que Jo levantara la voz inconscientemente.

—Por el señor Brooke; ahora le llamo John. En el hospital cogimos la costumbre de hacerlo así y le agrada.

—¡Pobre de mí! Ya veo que te vas a poner de su parte. Y hasta cierto punto es natural, ya que ha sido amable con papá, y tú no le mandarás a paseo, sino que permitirás que Meg se case con él si quiere. ¡Qué astuto! Mimar a papá y adularte a ti para ganarse la simpatía de los dos. —Y Jo, enojada, se retorció los cabellos nerviosamente.

—Baja la voz y razona con calma, querida mía. En primer lugar, el señor Brooke me acompañó porque el anciano señor Laurence se lo pidió y en todo momento ha demostrado una generosidad y una entrega poco comunes. En segundo lugar, querida testaruda, John ha sido franco con nosotros, puesto que nos confesó su amor por Meg. Nos dijo que antes de pedir su mano trabajaría para poder tener un hogar confortable y ganarse su amor, si podía. Realmente, es un joven excelente y no podíamos negarnos a escuchar lo que deseaba comunicarnos. Sin embargo, no consentiré que Meg se comprometa siendo tan joven.

—¡Como que sería una estupidez! Ya sabía yo que estaba tramándose algo; me lo decía el corazón y está resultando peor de lo que imaginaba. Desearía poder casarme con Meg yo misma para tenerla dentro de la familia.

Esta extraña solución hizo reír a la señora March, pero después dijo seriamente:

—Jo, escucha; no quiero que digas todavía nada a Meg. Cuando John regrese y los vea juntos, podré juzgar mejor lo que ella siente por él.

—De momento —barbotó la enfadada muchacha—, ya le gustan sus ojos castaños. Siempre está hablando de ellos. ¿Sabes que pasaba más tiempo leyendo sus informes que tus cartas? Si la mira amorosamente, con lo tierno que Meg tiene el corazón, se derretirá como la mantequilla. ¡Adiós paz y alegría entre nosotras! Se harán la corte por toda la casa y tendremos que quitarnos de en medio. Meg estará en la gloria y no necesitará más. Brooke amasará una fortuna, me romperá el corazón y todo será desagradable.

—Querida, no debes precipitar los acontecimientos, pero, si esto sucede, debemos resignarnos y seguir sonriendo, porque a fin de cuentas son cosas de la vida. No pienses que no siento el que una de mis hijas se vaya de nuestro lado y lamento que Meg se nos haya hecho una mujer tan pronto. Tu padre y yo hemos hablado de ello y estamos de acuerdo en que Meg no debe comprometerse todavía. Cuando cumpla los veinte años, será otra cosa. Entonces, si John y ella se aman todavía, podremos estar seguros de que su sentimiento es firme.

—¡Pobre Meg, ella que siempre había soñado con trajes lujosos y salones de fiesta! Sinceramente, hubiese preferido que se casara con un hombre rico. ¿Tú no, mamá?

—Si se quieren de verdad, la falta de dinero no será obstáculo para su felicidad, y ésta es la que ansío para vosotras.

—Pues yo lamento que todos mis proyectos se hayan venido abajo, porque me temo que Meg no está preparada para ser feliz en la pobreza.

—Vamos, no digas eso, hija mía; tu hermana es generosa y sencilla y, aunque muchos pajarillos y antiguos recuerdos de nuestro pasado esplendor revoloteen todavía por su cabeza, Meg será una gran mujer. Por cierto, has hablado de proyectos tuyos. ¿A qué te referías, Jo?

—Verás, mamá; siempre había acariciado la idea de que, andando el tiempo, Laurie se convirtiera en el marido de Meg; es un chico estupendo: alegre, inteligente, rico... ¿No te parece que reúne todas las condiciones?

La señora March se echó a reír.

—¡Pero hija, qué cosas se te ocurren! Laurie no es lo bastante maduro para Meg y, además, es más joven que ella. No hagas proyectos de esa naturaleza, Jo; deja que sea el tiempo y el corazón los que emparejen a las personas.

—¡Qué complicado es todo esto! —suspiró cómicamente Jo—. Creo que, en efecto, no debo entrometerme; con cada cumpleaños, la vida se nos hace más difícil. Por eso me gustaría dejar de crecer.

En aquel momento Meg entraba en la habitación con un pliego de papel en la mano.

—¿Decías algo, Jo? —preguntó.

—Nada que merezca la pena escuchar, hermanita; estaba filosofando y no te has perdido nada. Anda, vámonos a dormir, porque me estoy cayendo de sueño.

—Espera un momento y mira a ver qué te parece la carta que le he escrito a papá. Léela tú primero, mamá.

La señora March obedeció y luego le devolvió el pliego en silencio.

—Está bien. Añade un saludo de mi parte para John.

—¿Le llamas John? ¡Cuántos progresos! —exclamó con una sonrisa.

—Ha sido tan bueno con nosotros que le hemos tomado un gran cariño.

—Me alegro. Está tan solo el pobre... —tras una ligera pausa, Meg añadía—: Buenas noches, mamá. Es estupendo poder darte un beso antes de acostarnos.

Cuando las dos muchachas hubieron salido, la señora March, con expresión resignada y dulce, se acercó a la cama de Beth.

—¡Qué rápidamente pasa el tiempo! —se dijo—. Ella tal vez no ama a John todavía, pero no tardará...

Capítulo XIV

La dolorosa broma de Laurie

Jo no era la persona más indicada para guardar un secreto. Desde aquella conversación con su madre se podía adivinar que tenía un secreto y, como lo sabía, rehuía a Laurie, temiendo que quisiera sonsacarla. Sin embargo, esta situación no se prolongó mucho tiempo, pues le gustaba salir con él, aparte de que se terminó su repertorio de excusas.

—Me ocultas algo, ¿no es así, Jo? —preguntó él en cuanto el coche se puso en marcha.

—¡Qué tonto eres, Laurie! ¿Qué iba a ocultarte?

Sin embargo, Laurie era inteligente y por fin supo cuanto quería saber. Entonces se indignó contra su preceptor por no haberle confiado enteramente sus sentimientos hacia Meg ni su resolución de hablar del caso con los señores March. Sí, se tomaría una pequeña venganza.

La casa entera andaba revolucionada como consecuencia de la carta que llegó de Washington, en la que el señor March anunciaba que iría a pasar unos días con ellas. Meg andaba atareada con las sorpresas y los preparativos con los que quería recibir a su padre y, según iba acercándose la fecha de su llegada, se operaba en ella un extraño cambio. Hablaba poco y tenía una expresión dulce y turbada que no pasaba inadvertida a las dos mujeres de la casa que sabían sus secretos.

—Mucho me temo que están presentándose los síntomas, mamá —dijo Jo, alarmada, en un momento en el que estaban solas—. Si pudiera hacer algo para salvar la situación...

—¡Qué teatral eres, hija! Tranquilízate y espera. Es lo único sensato que puedes hacer. Además, la llegada de papá solucionará las cosas.

—¿Has visto esta carta? Está lacrada.

—¡Calla, que viene Meg!

Ésta aparecía muy risueña al entrar en la sala.

—He pedido al señor Laurence que me preste unos libros para papá, porque los que hay en casa ya los ha leído.

—Trajeron esto para ti —anunció entonces Jo, tendiéndole el misterioso sobre.

Meg se puso como la grana y, tras una exclamación, dijo:

—Disculpadme un momento; creo que están llamando.

Salió al vestíbulo para leer a solas y, repentinamente, su grito de horror asustó a las dos mujeres que se habían quedado cosiendo en el salón. Meg, echando chispas por los ojos, como una verdadera furia, se presentó ante ellas.

—¿Cómo has podido hacerme esto, Jo...? ¡Qué vergüenza!

—¿De qué hablas? —preguntó aquélla, que nunca había visto así a su hermana mayor.

—¡Tú la escribiste y no él! —añadió sacando de su delantal un arrugado papel y arrojándolo a los pies de Jo—. Habéis sido unos malvados, porque yo le contesté y ahora... ¡Oh! ¿Cómo es posible, Jo? No comprendo que Laurie haya podido ayudarte a cometer semejante infamia.

—¿De qué hablas, hija mía? —preguntó realmente alarmada la señora March—. No logro entender nada de nada.

Jo tomó la carta que permanecía en el suelo y leyó, palideciendo intensamente:

«Mi querida Margaret:

Ya no puedo contener mi amor por más tiempo y necesito conocer mi suerte antes de regresar. Aún no me he atrevido a hablar con tu padre, pero no dudo de que ambos consentirían de buen grado si supieran cuánto nos queremos. Te suplico que no hables todavía de esto con tu familia, pero, al menos, envíame una palabra de aliento por mediación de Laurie.

Tuyo siempre,
JOHN».

—¡Oh, qué monstruo! —exclamó Jo, indignada, pasando el papel a su madre—. ¡Ahora mismo vendrá conmigo a pedir perdón de rodillas, Meg!

La señora March la detuvo:

—¿Seguro que tú no has tenido nada que ver con esto, Jo?

—Te doy mi palabra de honor. Es cierto que he hecho muchas travesuras, pero jamás una cosa semejante. Además, yo nunca escribiría una carta tan cursi y ridícula como ésta. Parece mentira, Meg, que hayas podido suponer al señor Brooke autor de todas estas necedades.

—Sin embargo, se parece mucho a su letra —replicó Meg compungida, comparando las dos cartas.

—Pero ¿es que acaso le contestaste? —preguntó la señora March angustiada.

Y Meg afirmó entre sollozos.

—¡Cielos! —exclamó Jo, roja de indignación.

—Calmaos las dos, por favor. Y ahora, Meg, dime qué le decías en la carta.

—Tardé unos días en contestarle. Me sentía un poco culpable por haberos ocultado aquella confesión, pero sabiendo lo mucho que estimáis al señor Brooke supuse que no te importaría; guardé el secreto y por medio de Laurie le hice llegar unas líneas en las que le decía que era aún demasiado joven para pensar en cosas tan serias, pero que le agradecía su atención y que, antes de verme, hablase con papá... ¡Ay, me moriré de vergüenza cuando venga!

—Podrás pasar sin morirte, Meg —dijo entonces Jo con aire misterioso—. ¿Qué te responde ahora?

—Me escribe de una forma totalmente distinta, asegurando que jamás me ha enviado una carta de amor y lamentando el que alguien nos haya jugado tan mala pasada. Insinúa que quizá tú seas la culpable. ¡Mira!

Jo comparó brevemente las dos cartas y, por último, con expresión aliviada, afirmó:

—Todo esto es obra de Laurie; creo que el señor Brooke no ha visto ninguna de estas dos cartas y que ni siquiera recibió la tuya. Le haré pagar caro a Laurie la jugarreta.

Salió precipitadamente y la señora March creyó llegado el momento de contar a su hija la conversación que sostuvieron con John Brooke en el hospital.

—Ahora ya conoces sus sentimientos, hija mía, y respecto a los tuyos, creo que no hay muchas dudas.

—¡Oh, mamá, he pasado tanto miedo durante unos minutos que no quiero ni volver a pensar en cosas de amor! Ojalá ni Laurie ni Jo cuenten nunca lo ocurrido.

Jo no tardó en estar de regreso arrastrando a Laurie, tan compungido y avergonzado que hasta se apiadaron de él.

—No has sido nada caballero y me has defraudado —le dijo Meg, con un gesto de indignación.

Laurie, con su enorme caudal de simpatía, pronto se hizo perdonar por completo, pero Meg ya no fue la misma.

Capítulo XV

La decisiva intervención de tía March

Los enfermos mejoraban rápidamente. El señor March había escrito prometiendo estar con ellas en los primeros días de enero y Beth, envuelta en una abrigada bata, podía estar en el sofá del salón jugando con sus gatitos.

Amaneció el día de Navidad con un sol espléndido y llevaron a la niña hasta la ventana para que pudiera contemplar el regalo de Jo y Laurie: un precioso muñeco de nieve, coronada de acebo, con una partitura enrollada en una mano y una cesta de flores en la otra, que parecía sonreírle desde el jardín.

—¡Qué contenta estoy! Si hubiera llegado papá, me sentiría en el cielo...

Meg admiraba su primer vestido de seda, regalo del señor Laurence.

Jo acarició lo que llevaba en el bolsillo del delantal y Amy, que había regresado a casa, estaba radiante. La señora March, mirando a sus hijas, se sentía muy feliz.

Laurie, que andaba entrometiéndose en todo alegremente, se marchó sin que nadie se diera cuenta.

Pero al rato se presentó de sopetón y anunció en la puerta del salón:

—¡Atención todas! ¡Una sorpresa para la familia March!

En el umbral se destacó la silueta de un caballero alto, embozado hasta los ojos, que se apoyaba en el brazo de otro hombre alto y que trataba de decir algo sin conseguirlo. A Jo le faltó poco para desmayarse, a pesar de su carácter; Amy echó a correr olvidando sus modales y rodó cuan larga era al tropezar con un taburete pero, sin pensar siquiera en levantarse, se abrazó a las botas de su padre, riendo y llorando a la vez; Meg llegó frente al señor March como una sonámbula y, mirándole fijamente, rompió a llorar y le abrazó.

—¡Un momento! —dijo de pronto la señora March—. Ahora le toca a Beth.

La frágil figurita de la convaleciente estaba junto al grupo y el señor March la tomó en sus brazos.

Ninguno podría olvidar nunca aquella comida de Navidad. Sus tres vecinos les acompañaron y, entre risas y mimos, celebraron los platos que la anciana Hannah servía con orgullosa satisfacción.

—Habéis sido muy valientes, mis queridas niñas, y estoy muy orgulloso de vosotras. Ahora que estoy aquí podréis desprenderos de vuestras pesadas cargas. ¿No es cierto, mamá?

Con la presencia en casa del señor March parecía como si ya nada faltase para que la felicidad fuera completa. Sin embargo, parecía existir un cierto ambiente de misterio.

Aquella tarde, Laurie pasó ante la casa y, al ver a Meg en la ventana, tuvo un gesto teatral: hincó la rodilla en la nieve, se llevó las dos manos al corazón y luego las extendió unidas, en ademán suplicante.

—¡Payaso! —le gritó Meg, ligeramente enfadada.

Jo miraba por encima de la cabeza de su hermana y dijo:

—Ahora hace como que se limpia lágrimas con el pañuelo y lo retuerce. Sin duda está parodiando a tu John. Es conmovedor...

Meg protestó contra tanta burla, alegando que su John no era su John. La verdad es que se hizo un lío.

—¿Estás segura? —ironizó todavía Jo.

—¡Y tan segura! No soy tan débil como supones y, si me dice algo, le daré las gracias y le contestaré que soy muy joven todavía para aceptar compromisos. Después saldré dignamente de la habitación.

En aquel momento sintieron la campanilla de la puerta y, poco después, Brooke decía desde el umbral del salón:

—Buenas tardes. Vine a recoger mi paraguas.

—Ahora mismo se lo traigo; está en el paragüero —dijo Jo, saliendo precipitadamente. Así Meg tendría tiempo de pronunciar su discurso.

Sin embargo, Meg se limitó a decir, sin mirar al joven:

—Toma asiento. Iré a decirle a mamá que estás aquí.

—¿Por qué me rehúyes? ¿Es que te doy miedo? —preguntó el joven con expresión dolorida.

—¿Cómo habría de tenerte miedo después de todo lo bueno que has sido con papá? Todavía no he encontrado el modo de agradecértelo.

—Podrías... quererme un poco —se precipitó él, tomando su mano.

Meg se quedó tensa, conmovida por la ternura de aquella suplicante voz. Cerró los ojos, porque había llegado el momento de pronunciar las frías palabras que Jo acababa de escuchar. Sin embargo, su voz no salía y, con la cabeza baja, murmuró algo tan débilmente que Brooke tuvo que agacharse para poder entenderla.

—No lo sé, John...

El muchacho sonrió esperanzado y apretó cálidamente la pequeña mano que conservaba entre las suyas.

—Tienes tiempo para aprender a quererme, porque esperaré todo lo que sea necesario. ¿Crees que será una lección muy difícil?

—Todavía no he... podido aprenderla...

—Por favor, Meg, decídelo pronto. ¡Te quiero tanto! Creo que esto es más fácil que el alemán y, por

mi parte, estoy dispuesto a ayudarte. Ya sabes cuánto me gusta enseñar.

—Sí, puede que sea más fácil que el alemán.

En aquel momento se oyeron unos pasos y Meg susurró:

—Por favor, John, escóndete: es la tía March.

—¿Me han informado bien, jovencita? ¿Estabas de palique con un hombre?

—Es John... que venía a recoger su paraguas.

—¿Y le llamas John? ¡Qué descaro! Por suerte estoy aquí para poner orden en esta casa. Supongo que no pensarás casarte con ese Cook o como se llame. Piensa bien lo que vas a responderme, porque de tus palabras depende que te incluya o no en la lista de mis herederos.

Aquello hizo que Meg perdiera la calma y respondiera de una forma que hasta entonces no había decidido:

—Voy a casarme con quien me dé la gana, tía March, y no pienses que tu dinero va a ser un obstáculo; puedes dejárselo a quien te plazca.

La anciana, comprendiendo que con imposiciones nada lograría, reaccionó y dijo suavemente, en un intento de disuadir a su sobrina:

—No me he expresado bien, querida; quise decirte que una muchacha tan extraordinaria como tú podría aspirar a una buena boda. Un hombre sin porvenir, sin dinero, ni nombre, ni negocios no es el partido que más te conviene. Sabes que te quiero, Meg, y me agradaría mucho que acertaras en tu elección.

—¡Aunque empeñara mi vida en ello, no conseguiría hacer mejor elección! —exclamó la muchacha, sorprendiéndose a sí misma—. John es sensato y bueno; quiere trabajar y tiene talento, y tengo a orgullo el que me quiera. No me asusta la pobreza si está a mi lado. Además, yo le...

Se detuvo de pronto, ante el temor de que su joven enamorado pudiera oírla.

—Me has decepcionado, Margaret. Acabas de comportarte como una impulsiva muchacha y lamento profundamente no haber tomado yo las riendas de tu educación. Creo que ya no tiene objeto que vea a tu padre.

Se marchó dando un portazo y, cuando Meg estaba a punto de llorar, Brooke salió de la habitación contigua y la tomó por los hombros.

—Nunca agradeceré bastante a esa anciana las palabras que te ha hecho pronunciar. Creo que te has dado cuenta de que me quieres un poco.

—Lo supe cuando ella te insultó, John.

Jo debía de haber encontrado el paraguas del visitante, pues apareció con él. En vista del silencio reinante pensó que su hermana había mandado a paseo a su enamorado. Sin embargo, se quedó atónita cuando la pareja se echó a reír.

—¡Felicítanos, hermanita! —gritó Brooke.

Pero Jo, como si hubiera visto un fantasma, empezó a llamar a su madre a gritos.

La cena fue el broche de oro de aquella decisión de Meg. Reunida la familia en torno a la mesa, John explicó sus proyectos para aquellos tres años que a Meg le faltaban para cumplir los veinte, durante los cuales se labraría un porvenir para que nada le faltase a la joven.

Estuvo tan simpático y cariñoso que Jo, desarrugando el ceño, acabó por sonreír.

—¿No es mucho esperar tres años? —preguntó Amy.

—No, si tienes en cuenta todas las cosas que debo aprender —respondió Meg, con los ojos brillando de felicidad.

A la hora de los postres llegó el señor Laurence con su nieto, llevando un hermoso ramo de flores para la novia. En el fondo, Laurie estaba muy satisfecho de haber llevado el asunto a feliz término y en breve plazo.

—Creo que debo resignarme, ¿no? —preguntó más tarde Jo a Laurie.

—Dirás alegrarte.

—No me alegro, porque debo separarme de Meg, que ha sido mi mejor amiga y ahora la pierdo.

—La compartes únicamente. Además, me tienes a mí, que no voy a dejarte nunca...

Amy, sintiéndose una gran artista, empezó a dibujar a la pareja. Beth era tan feliz... Tenía a sus padres y a su querido y gran amigo el señor Laurence.

Los malos tiempos parecían haber quedado definitivamente olvidados.

Títulos de la colección

Oliver Twist
Los viajes de Gulliver
Viaje al centro de la Tierra
Sherlock Holmes
Robin Hood
Miguel Strogoff
Un capitán de quince años
La vuelta al mundo en 80 días
La isla del tesoro
Mujercitas
La cabaña del tío Tom
Cinco semanas en globo
El lazarillo de Tormes
De la Tierra a la Luna
Mody Dick
Sandokán
La isla misteriosa
Ben-Hur
Las aventuras de Tom Sawyer
Robinson Crusoe
Lawrence de Arabia
Heidi
Corazón
Los viajes de Marco Polo
Los caballeros del rey Arturo
Las minas del rey Salomón
Veinte mil leguas de viaje submarino
Los tres mosqueteros
La pequeña Dorrit
El corsario negro
Los hijos del capitán Grant
El conde de Montecristo
Aquellas mujercitas
Dos años de vacaciones
Don Quijote de la Mancha